Mitología Griega

Una fascinante introducción a los mitos sobre los dioses, diosas, héroes y monstruos griegos

© Copyright 2020

Todos los derechos reservados. Ninguna parte de este libro puede ser reproducida de ninguna forma sin el permiso escrito del autor. Los revisores pueden citar breves pasajes en las reseñas.

Descargo de responsabilidad: Ninguna parte de esta publicación puede ser reproducida o transmitida de ninguna forma o por ningún medio, mecánico o electrónico, incluyendo fotocopias o grabaciones, o por ningún sistema de almacenamiento y recuperación de información, o transmitida por correo electrónico sin permiso escrito del editor.

Si bien se ha hecho todo lo posible por verificar la información proporcionada en esta publicación, ni el autor ni el editor asumen responsabilidad alguna por los errores, omisiones o interpretaciones contrarias al tema aquí tratado.

Este libro es solo para fines de entretenimiento. Las opiniones expresadas son únicamente las del autor y no deben tomarse como instrucciones u órdenes de expertos. El lector es responsable de sus propias acciones.

La adhesión a todas las leyes y regulaciones aplicables, incluyendo las leyes internacionales, federales, estatales y locales que rigen la concesión de licencias profesionales, las prácticas comerciales, la publicidad y todos los demás aspectos de la realización de negocios en los EE. UU., Canadá, Reino Unido o cualquier otra jurisdicción es responsabilidad exclusiva del comprador o del lector.

Ni el autor ni el editor asumen responsabilidad alguna en nombre del comprador o lector de estos materiales. Cualquier desaire percibido de cualquier individuo u organización es puramente involuntario.

Tabla de contenidos

INTRODUCCIÓN 1
PARTE I. LOS ORÍGENES 3
CAPÍTULO 1. EL COMIENZO: LA CREACIÓN DEL MUNDO Y LA GUERRA ENTRE LOS TITANES Y LOS OLÍMPICOS 4
CAPÍTULO 2. LOS GOBERNANTES DEL OLIMPO 8
PARTE II. LA CASA DE ATREO Y LA GUERRA DE TROYA 15
CAPÍTULO 3. LAS RAÍCES DE LA DISCORDIA 16
CAPÍTULO 4. LA BATALLA DE TROYA 22
CAPÍTULO 5. LA MUERTE DE HÉCTOR Y LA CAÍDA DE TROYA ... 30
CAPÍTULO 6. EL LARGO CAMINO A CASA DE ODISEO 38
CAPÍTULO 7. EL REGRESO DE ODISEO 48
CAPÍTULO 8. EL REGRESO A CASA DE AGAMENÓN Y LA ELECCIÓN DE ORESTES 56
CAPÍTULO 9. EL TRASPASO DE LA MALDICIÓN 66
PARTE III. EDIPO Y SUS HIJOS 74
CAPÍTULO 10. EDIPO Y LAS PROFECÍAS 75
CAPÍTULO 11. LOS HIJOS DE EDIPO 89

PARTE IV. CUENTOS MÁS LIGEROS 99
CAPÍTULO 12. CUPIDO Y PSIQUE 100
CAPÍTULO 13. CUENTOS CORTOS 109
    Lisístrata *109*
    El toque de Midas *111*
    Filemón y Baucis *113*
NOMBRES LATINOS DE LOS DIOSES DEL PANTEÓN GRIEGO 116
PARA MÁS LECTURA 119

Introducción

La mitología, la filosofía y la ciencia griegas están en las raíces del lenguaje, la cultura y la civilización occidentales. Pero en esta época de especialización, nos puede sorprender que los griegos no hayan trazado una línea nítida entre estos campos. Buscaban respuestas a todo tipo de preguntas sobre el universo y el lugar del hombre en él: ¿de dónde viene todo esto? ¿Quiénes somos? ¿Qué fuerzas determinan nuestros destinos? ¿Qué es lo que realmente podemos elegir con libertad? ¿Cómo deberíamos hacer estas elecciones? El resultado de esta exploración fue una diversa y prolífica colección de historias sobre dioses y mortales, que aún tienen el poder de conmovernos en lo profundo y dar forma a nuestra manera de ver el mundo.

Nuestro modo de expresarnos pone de manifiesto la continua relevancia de la mitología griega. Hablamos de los caballos de Troya y los complejos de Edipo, de luchas titánicas y tentaciones sin satisfacción, de Odiseo y del toque de Midas. Lo hacemos, incluso si no estamos personalmente familiarizados con la historia de la guerra de Troya, la tragedia de Edipo, las guerras de los titanes, el castigo de Tántalo, el regreso de Ulises o la peligrosa recompensa del rey Midas. Sin embargo, la familiaridad con las historias subyacentes abre una nueva dimensión de valiosos significados.

A veces las referencias lingüísticas se vuelven más confusas por el hecho de que la mayoría de los dioses y héroes griegos tienen dos nombres. Sus historias se contaron por primera vez por los griegos. Cuando el Imperio romano conquistó las ciudades-estado griegas, se apropiaron de las deidades y los mitos griegos, pero volvieron a contar las historias y también cambiaron el nombre de todos los personajes. Cuando hablamos del *temperamento dionisíaco*, nos referimos al dios del vino y la inspiración por su nombre griego, Dionisio. En latín, el mismo dios se llamaba Baco (de quien adquirimos la palabra *bacanal*). Cupido es una figura muy conocida con su nombre en latín, pero su nombre original en griego, Eros, nos dio nuestra palabra *erótico*. Conocer los dos nombres del panteón facilita la captación de referencias culturales y lingüísticas. Este libro se basa en relatos en latín y en griego, y he utilizado los nombres usados por mis fuentes primarias en cada cuento. El capítulo 2, *Los gobernantes del Olimpo*, ofrece los nombres griegos y latinos de los principales dioses y diosas. El apéndice al final menciona los nombres latinos del panteón por orden alfabético, acompañados del nombre griego de cada deidad.

Algunas de las grandes historias de los dioses y héroes griegos ya se contaron en mi libro anterior, *Mitología Griega: Fascinantes Mitos de Dioses, Diosas, Monstruos y Héroes Griegos*.

Otros se exploran aquí. Los dos libros describen la creación del universo y dan una introducción básica al panteón griego y romano, aunque estos se tratan con mayor detalle en el libro *Mitología Griega: Fascinantes Mitos de Dioses, Diosas, Monstruos y Héroes Griegos*. Y hay mucho más en la mitología griega de lo que cualquier libro puede cubrir. Las notas sobre mis fuentes primarias y sugerencias para una lectura más amplia se pueden encontrar en la parte final de este libro.

Parte I. Los orígenes

Capítulo 1. El comienzo: la creación del mundo y la guerra entre los titanes y los olímpicos

Al principio era el caos, un vasto y desordenado mar de oscuridad. Del caos, dos seres tomaron forma, nadie sabe cómo: uno era la Noche y el otro Érebo, el oscuro vacío, el reino de los muertos. La Noche puso un huevo en las profundidades de Érebo y, de alguna manera, de esa oscuridad compuesta, el huevo hizo salir algo totalmente diferente a sus padres: «El amor, el anhelado, brillante, con alas de oro». En la luz del amor, la Tierra (también llamada *Gea*) apareció y tomó forma. Su primer hijo fue el Cielo (Urano), su igual y su compañero.

Los hijos del Cielo y la Tierra tomaron formas muy diferentes. Los cíclopes eran criaturas muy poderosas y tenían cada uno un gran ojo en medio de la frente. Cada uno de los hecatónquiros tenía cincuenta cabezas, cien manos y una fuerza como la de los cíclopes. Después vinieron los doce titanes, fuertes como sus hermanos, pero con una forma más parecida a la que más tarde se daría a los humanos mortales, tanto a los hombres como a las mujeres.

Urano odiaba la apariencia de sus hijos los hecatónquiros y los encarceló en las profundidades de la tierra. Pero Gea se lamentó por su encarcelamiento e hizo un llamado para que sus hijos libres derrocaran a su padre y liberaran a sus hermanos. Solo uno atendió su llamado: el titán Cronos. Su madre le dio una hoz de pedernal; él esperó a su padre y lo castró.

Urano huyó en vergüenza y agonía. Cuando su sangre golpeó la tierra, nacieron las erinias, es decir, las furias, las vengadoras de la sangre y desde ese día caminan por la tierra, persiguiendo a los que hacen el mal. Sus cabellos estaban hechos de serpientes y sus lágrimas, de sangre. Volveremos a hablar de ellas en el capítulo 9. Pero algunos cuentos dicen que no fueron las únicas descendientes de esa mutilación. Los genitales de Urano cayeron en el gran mar, que se elevó en espuma y de esa espuma salió la hermosa Afrodita, la diosa del amor.

Cronos tomó el poder en ausencia de su padre, pero no liberó a los hecatónquiros de su prisión. Quizá el éxito del ataque a su padre le había mostrado lo inestable que era el poder. Ciertamente llegó a temer a los rivales. Se casó con su hermana Rea y ella le dio hijos, pero Cronos había oído la profecía de que uno de sus hijos le arrebataría el trono como él lo había hecho a su padre. Por temor a esto, se tragaba a sus hijos en cuanto nacían.

Parece ser que Cronos no había aprendido nada sobre el peligroso poder de la angustia de una madre. Esa fue su perdición. Pues Rea quería que sus hijos vivieran y cuando nació su sexto hijo, Zeus, ella lo envió a escondidas a Creta y le dio a Crono una piedra para que se la tragara en su lugar. Después de eso, ya no tuvo más hijos. Zeus se crió escuchando la historia de la tiranía de su padre y la desesperación de su madre y, por ello, juró corregir el mal. Al llegar a la edad adulta, su abuela Gea le ayudó a obligar a Cronos a vomitar a los niños que se había tragado. Entonces Zeus y sus hermanos lucharon contra los titanes. Fue una lucha terrible, que sacudió la tierra, el cielo, el inframundo y estuvo a punto de destruirlos y devolver el mundo al caos inicial.

Zeus liberó a los hecatónquiros para que le ayudaran y, en plena lucha, el titán Prometeo se puso del lado de los jóvenes dioses y trajo a su dócil hermano Epimeteo con él. Prometeo era el dios de la previsión y quizás fue capaz de ver quién obtendría la victoria. Pero después, mostró compasión por los débiles y los oprimidos, aunque esto le costara todo. Por ello, puede ser que se uniera a los jóvenes dioses por compasión y que ellos no habrían obtenido la victoria sin él y sin su hermano. Sea como fuere, Zeus y sus aliados finalmente salieron victoriosos y echaron a Cronos y al resto de los titanes al Tártaro, un agujero negro en las profundidades de la tierra. A uno de los Titanes, a Atlas, se le obligó a soportar el peso de los cielos sobre sus hombros. Solo Prometeo y Epimeteo permanecieron libres.

En el monte Olimpo, las deidades victoriosas establecieron su fortaleza, que se hizo hermosa y altamente resistente. A partir de entonces se les llamó los olímpicos. Hubo rebeliones de gigantes y monstruos después de la caída de los titanes, pero los olímpicos lo conquistaron todo y, al final, hubo paz en el cielo y en la tierra.

Según una historia, fueron Prometeo y Epimeteo quienes crearon a los animales y a los humanos para que poblaran el mundo que había sido despejado de los monstruos. Epimeteo, bien intencionado, pero con la cabeza desordenada, dio regalos a todos los animales; algunos podían volar, otros podían respirar bajo el agua, algunos tenían garras, otros tenían caparazones; y luego se acercó a los humanos y se dio cuenta de que no le quedaba nada que dar a esas criaturas desnudas. Así que Prometeo los alzó para que caminaran erguidos como los dioses y miraran a los cielos. También les dio el regalo del fuego, que había pertenecido solo a los dioses y engañó a Zeus para que dejara a los humanos proveer a los dioses con la grasa y los huesos de sus sacrificios mientras ellos mismos se comían la buena carne. Zeus estaba agradecido cuando Prometeo se compadeció de Zeus y de sus hermanos, pero estaba furioso con Prometeo por compadecerse de los mortales. Zeus ató a Prometeo a la cima de una montaña donde un águila le arrancaba trozos de su hígado todos los días, pero el hígado volvía a crecer por arte de magia todas las noches, por lo que no había fin a su vida ni a su dolor. Pero Prometeo nunca se arrepintió de lo que había hecho ni le pidió perdón a Zeus. Y sobre la tierra, los hombres y las mujeres se amaron, se multiplicaron, se extendieron y se hicieron sabios en muchas artes.

Notas:

Existen muchos relatos muy variados sobre la creación. La obra clásica de Edith Hamilton: *Mitología: Cuentos atemporales de dioses y héroes* da un resumen convincente de las variaciones principales. La descripción citada del nacimiento del amor viene del dramaturgo cómico Aristófanes.

Una larga y conmovedora descripción de las obras y sufrimientos de Prometeo se puede encontrar en la tragedia de Esquilo, *Prometeo encadenado*, que se encuentra disponible gracias a muchas traducciones.

Capítulo 2. Los gobernantes del Olimpo

Lo que sigue es una breve descripción de los nuevos dioses más importantes, que llegaron al poder después de la derrota de los titanes. Estudiaremos más de cerca algunas facetas de su carácter en historias posteriores.

Dioses:

Zeus (Júpiter para los romanos), después de derrotar a Cronos, se convirtió en el señor de los cielos y el rey de las deidades del Olimpo. Empuñaba el rayo que ningún enemigo podía soportar. Fue esposo y hermano de Hera; hermano de Hades y Poseidón; y padre de Apolo, Ares, Artemisa, Atenea, Hermes y muchos más. Sus hijos nacieron de muchas madres, lo que fue motivo de dolor para Hera. A veces se le describe como defensor de la justicia y protector de los pobres, huéspedes y necesitados; otras veces, como bastante arbitrario y tiránico (como en su castigo a Prometeo), sin olvidar también sus aventuras amorosas.

Poseidón (Neptuno para los romanos) fue el dios del mar, creador de calmas y tormentas. De esta manera, era temido y venerado por los marineros y todos los que tenían la oportunidad de viajar. También creó los caballos, un gran regalo para los humanos.

Empuñaba un poderoso tridente. Sus hermanos fueron Zeus y Hades, y su esposa fue Anfitrite. Su hijo fue **Proteo**, un dios muy sabio al que le gustaba guardarse su sabiduría para sí mismo. Los humanos que querían aprender de Proteo primero tenían que encontrarlo y después aferrarse a él, mientras se convertía en una variedad de bestias salvajes a su vez. Si lograban aguantar lo suficiente, él tomaba su propia forma y les decía lo que querían saber.

Hades (Plutón para los romanos) fue el dios del inframundo, que llevaba su nombre. Aunque la palabra *hades* se usa ocasionalmente como un educado eufemismo para el infierno cristiano, el reino del Hades no era necesariamente un lugar de castigo, aunque estaba oscuro y el viaje hacia él era peligroso y aterrador para aquellos pocos mortales vivos que se atrevían a aventurarse allí, atraídos por el amor o la necesidad. Veremos más de Hades y su reino en capítulos posteriores. Él fue, evidentemente, el dios de los muertos; dios de las profundidades de la tierra de la que provenían los metales preciosos, fue también el dios de la riqueza (de ahí nuestra palabra *plutócrata*). Su esposa por obligación fue Perséfone, su historia se cuenta bajo su nombre a continuación.

Apolo (que también tenía el nombre de Apolo para los romanos; a veces también llamado *Loxias* o *Febo*), fue el dios del sol, la música, la profecía y la medicina. Se decía que no podía pronunciar ninguna falsedad y que su oráculo en Delfos daba respuestas veraces a los mortales que las buscaban, aunque en realidad esa verdad a menudo estaba tan enigmática y oscura que los mortales que intentaban actuar en respuesta a sus pronunciamientos, a veces sentían que habían sido engañados. Enseñó a los hombres las artes curativas y deleitaba a todos los seres vivos con su música, pero castigó cruelmente a un mortal que se atrevió a rivalizar con sus habilidades musicales. Además, era el dios del tiro con arco, uno que nunca fallaba su objetivo, por lo que era muy poco aconsejable enfadarlo de alguna manera. Su padre fue Zeus; su madre, la titánide Leto y su hermana gemela fue Artemisa.

Hermes (Mercurio para los romanos) fue uno de los dioses más jóvenes, pero no el menos significativo. Fue el patrón del comercio y también del robo. De niño, con menos de un día de vida, robó el ganado de Apolo. Cuando Apolo vino a reclamarlo, Hermes consiguió intercambiarlo por una lira que acababa de inventar. Fue a menudo el mensajero de los dioses y muchas de sus estatuas lo muestran con los pies alados. Su padre fue Zeus y su madre, la titánide Maya. Su hijo fue Pan (Fauno para los romanos), el dios de los pastores y cabreros. El aspecto de Pan era algo entre el de una cabra y el de un hombre. La música que tocaba con su siringa era fascinantemente dulce. Sin embargo, también hacía los ruidos indefinidamente alarmantes, que asustaban a los viajeros por la noche: la palabra *pánico* viene del nombre este dios.

Ares (Marte para los romanos), fue el dios de la guerra. No necesariamente solo de la guerra defensiva, sino de cualquier guerra en marcha. Obtenemos la palabra *marcial* de su nombre. Algunos autores humanos veneraban a Ares por el coraje que enseñaba y la gloria que se podía ganar a su servicio; otros lo despreciaban por ser cruel, arbitrario y lastimero y —en algunas versiones— también por ser un cobarde. Era más popular entre los romanos que entre los griegos, lo cual dice algo de lo que cada sociedad valoraba. Sus padres fueron Zeus y Hera; y su hermana gemela y su compañera frecuente fue Eris, la diosa de la discordia. No parece haber tenido una esposa, pero durante un tiempo Afrodita, la diosa del amor, fue su amante.

Hefesto (Vulcano o Mulciber para los romanos) fue el herrero de los dioses, que hacía sus adornos, sus armas y muchas otras cosas tanto bellas como terribles. El único entre los dioses que tuvo la desgracia de quedar lisiado, aunque esto no le impidió trabajar. Su madre fue Hera; su paternidad está en duda. Algunas historias dicen que estaba casado con Aglaya, una de las Gracias, pero otras dicen que estaba casado con Afrodita, que lo traicionó con Ares.

Eros (Cupido para los romanos) fue el dios del amor y del compañerismo, en cuentos posteriores, el hijo de Afrodita. Su paternidad es incierta, debido a los hábitos de su madre. Su carácter es igualmente discutido. Todos están de acuerdo en que él traía el amor a los corazones humanos. Algunos decían que era de un espíritu noble y gentil que movía a los mortales a la generosidad, el coraje y la bondad y que daba belleza y luz al mundo; otros, que era un muchacho rebelde que disparaba sus flechas de pasión (o al azar, con los ojos vendados) y que llevaba a los mortales a la lujuria y a la ruina. Su esposa fue Psique; la historia de su noviazgo se cuenta en el capítulo 12.

Dionisio (Baco para los romanos) fue el dios del vino, la locura y el éxtasis. Su padre era Zeus y su madre, una mujer mortal llamada Sémele. Sémele murió antes de parirlo, en gran parte debido a los celos de Hera, pero Zeus se encargó de que el niño prematuro viviera. Más tarde, Dionisio hizo el terrible viaje al inframundo para traer a su madre de vuelta y llevarla a la vida eterna con los brillantes dioses del Olimpo. En la tierra, los poetas dicen que fue venerado, no con rituales ordenados y sacrificios en los templos, sino por tropas de mujeres en éxtasis que vivían en el exterior y vagaban de un lugar a otro, bebiendo, bailando y cantando, con los ojos brillantes por el vino. Estas ménades (bacantes, para los romanos) gozaban de libertad y alegría, pero también podían convertirse en locas asesinas.

El titán Prometeo, el primer benefactor de los humanos, se describió en el capítulo anterior.

Diosas:

Hera (Juno para los romanos) fue la esposa y la hermana de Zeus; madre de Hefesto, Ares, Hebe y otros. Muchas de las historias sobre ella tienen que ver con sus celos por Zeus y sus intentos de castigarlo a él o a sus amantes, aunque en la guerra de Troya (véase el capítulo 3) y en la búsqueda del vellocino de oro, tomó un papel activo por otras razones. Hera podía ser muy amable con las madres cuyos hijos no habían sido engendrados por Zeus; ella y su hija Ilitía, que no aparece en los mitos relatados en este libro, ayudaban a las mujeres durante el parto.

Atenea (Minerva para los romanos; a veces también conocida como Palas) fue la diosa virgen de la sabiduría, la estrategia y la guerra defensiva (en su mayor parte, aunque en la guerra de Troya ayudó a los atacantes, por razones propias que se describen en el capítulo 3). Fue la patrona de la ciudad de Atenas y la creadora de los olivos (un regalo importante, ya que el aceite de oliva era una parte esencial de la dieta griega). También enseñó a los mortales muchas de las artes de la civilización. Poseidón creó los caballos, pero Atenea fabricó la brida y enseñó a los humanos a domarlos. También se dice que el tejido y la agricultura son sus regalos para los hombres. Sin embargo, al igual que Apolo, podía ser celosa y vengativa. Cuando una mujer mortal llamada Aracne, se atrevió a decir que su tejido rivalizaba con el de Atenea, Atenea la desafió a un concurso y cuando vio que su trabajo era igual de bueno, Atenea destruyó el tejido y golpeó a la mujer, que después se ahorcó. (Atenea parece haber sentido algo de pena después, porque trajo a Aracne de vuelta a la vida en forma de araña para que tejiera para siempre; de ella, también obtenemos nuestra palabra *arácnido*). Atenea fue hija de Zeus y nació de su cabeza, ya completamente desarrollada y armada.

Afrodita (Venus para los romanos) fue la diosa del amor y del deseo. Al igual que a su hijo Eros, los mortales la podían bendecir o maldecir, dependiendo de lo que su propia experiencia del amor había sido. Afrodita daba risa, belleza y deleite a los mortales, pero también vergüenza, confusión y tormento. En la *Ilíada*, es la hija de Zeus, pero la mayoría de los cuentos dicen que no tenía padres, ya que nació cuando los genitales de Urano golpearon la espuma del mar. Estuvo casada con Hefesto, pero parece haber preferido a Ares.

Artemisa (Diana para los romanos) fue la diosa virgen de la caza, de los animales salvajes y de la luna. Era hermosa, fuerte, hábil y solitaria. Se decía que era la protectora de las criaturas salvajes y de los jóvenes humanos, especialmente de las vírgenes, aunque esto contrasta extrañamente con su papel en la historia de Ifigenia, contada en los capítulos 3 y 9. Su hermano gemelo fue Apolo, su madre fue

Leto y su padre, Zeus. Algunas historias también la identifican con Selene, la diosa de la luna y con Hécate, la diosa del inframundo.

Deméter (Ceres para los romanos) fue la diosa de la tierra, de la fecundidad y del cultivo de plantas. Atenea pudo haber enseñado a los hombres a cultivar el grano, pero Deméter le daba vida. Fue amada y honrada por esto. Los poetas también recordaban la terrible época en la que Deméter se afligió y retiró su poder de la tierra. Esto pasó porque Deméter tenía una hija llamada **Perséfone (Proserpina para los romanos)**, una muchacha muy hermosa. Hades, el señor del inframundo, vio su belleza y la quiso para él. La agarró y se la llevó por la fuerza al oscuro mundo de abajo. Deméter buscó a su hija durante mucho tiempo y cuando supo quién se la había llevado, dejó el Olimpo y se encerró en su pena. Durante un tiempo, vagó entre los mortales en forma de una pobre anciana y recompensó ricamente a quienes la acogían y la trataban con amabilidad; después volvió a tomar su forma divina, pero se mantuvo apartada de los dioses y de los hombres mientras lloraba por su hija. Mientras Deméter se afligía, no crecía nada verde en la naturaleza y no brotaba ninguna semilla sembrada por los campesinos; la tierra estaba atrapada en un invierno permanente durante todo el año y la gente se moría de hambre. Zeus pensó que todas las cosas morirían si esto continuaba y envió a Hermes para llevar la orden de Zeus a Hades de liberar a Perséfone. Él la envió de vuelta de mala gana, pero primero la engañó para que comiera semillas de granada que la ataban para siempre al mundo de los muertos durante cuatro meses de cada año. Así que durante nueve meses la madre y la hija están juntas: las plantas crecen y florecen, el sol brilla cálido y los vientos soplan suavemente; pero durante cuatro meses Perséfone se queda de nuevo con los muertos y Deméter está de luto: los vientos soplan fuertes y fríos, la escarcha roe la tierra y nada crece.

Eris fue la diosa de la discordia, la hermana de Ares, hija de Hera y Zeus. Generalmente, la encontramos al lado de Ares cuando hay caos y matanzas en marcha. Se le atribuye el haber puesto en marcha los eventos que llevaron a la guerra de Troya (véase el capítulo 3). A diferencia de su hermano Ares, parece que no fue muy popular ni siquiera entre los romanos.

Hestia (Vesta) fue la diosa virgen del hogar, muy amada y venerada por muchos mortales, aunque no muy celebrada en sus historias más dramáticas. Su padre fue Zeus.

Parte II. La casa de Atreo y la guerra de Troya

Capítulo 3. Las raíces de la discordia

La gran guerra entre los griegos y los troyanos —y todo el dolor y la muerte causada por ella, tanto en el campo de la batalla como en las casas de los vencedores y vencidos después de la batalla— comenzó con lo que podrían haber parecido pequeñas peleas y celos. Tal vez sea así a menudo en las grandes guerras.

Eris, la diosa de la discordia, una vez se ofendió porque no la habían invitado a una boda. Debido a su empedernido hábito de provocar peleas, no es sorprendente que nadie quisiera invitarla, pero ofenderla era igualmente peligroso. Cuando los olímpicos se sentaron en el banquete de bodas, una mano atravesó las cortinas del pabellón y arrojó algo sobre la mesa. No un arma, sino un regalo, un regalo peligroso. Se trataba de una manzana dorada, que brillaba a la luz de las antorchas y en ella no estaba inscrito ningún nombre, sino solo las palabras «PARA LA MÁS BELLA». Todas las diosas reclamaron ese título y los dioses, comprensiblemente, se negaron a entrar en esa disputa. Algunas de las diosas se retiraron de la pelea, pero Hera, Atenea y Afrodita insistieron en que la manzana era suya, por lo que pidieron a Zeus para que resolviera el asunto. Zeus miró a su esposa, a su hija y a la diosa del amor y decidió no intentar arbitrar en una disputa tan peligrosa. En lugar de esto, les dijo que fueran a preguntarle a un mortal, al príncipe Paris, que tenía un excelente ojo para la belleza femenina.

Paris era un príncipe de Troya, hijo del viejo rey Príamo, pero había sido enviado a trabajar como pastor porque su padre había oído la profecía de que un día París causaría la destrucción de Troya. Príamo no era más sabio sobre el peligro de las profecías que se cumplían de lo que Cronos había sido antes de él, pero fue al menos más amable al no matar al niño. Paris encontró consuelo en su exilio; cuando las diosas lo encontraron, vivía como el consorte de una encantadora ninfa llamada Enone.

Paris parece no haber pensado en el peligro cuando tres radiantes diosas se presentaron ante él y le exigieron que juzgara cuál de ellas era la más bella. Todas ellas respaldaron sus reclamos de belleza con sobornos. Atenea le prometió que, si la declaraba la más bella, ella le convertiría en un gran líder de la guerra y él conquistaría a los griegos. Hera, para no quedar mal, prometió hacerle amo de Asia y de Europa. Afrodita se rio y dijo que había otras conquistas de las que podría disfrutar más. Si él la elegía como la más bella de las tres, dijo, la mujer más bella del mundo sería suya. Paris, que amaba sus placeres, le dio la manzana de oro a Afrodita y nunca entendió que al hacerlo estaba trayendo la perdición a su padre y a su ciudad natal.

Nadie dudaba de quién era la mujer más bella del mundo en aquel momento. La madre de Helena era una mujer mortal llamada Leda, pero su padre era Zeus, que había llegado a Leda en forma de cisne y la dejó embarazada. Helena era hermosa incluso siendo niña y cuando alcanzó la edad de casarse todos los príncipes de todas las tierras de alrededor la deseaban y acudían a la corte del marido de su madre, el rey Tindáreo, para pedir su mano.

Puede que a Tindáreo le diera igual que le quitaran la hija de su esposa, pero temía que, si escogía a un pretendiente, los demás se ofenderían y le declararían la guerra. Hizo que cada pretendiente jurara que ninguna venganza perseguiría al padrastro de Helena o a su marido, con quienquiera que se casara y que cada hombre lucharía para defender el derecho al matrimonio del marido de Helena contra cualquier seductor o secuestrador. Todos hicieron el juramento, esperando ser elegidos. Entonces Tindáreo eligió a Menelao, al rey de Esparta. Los otros pretendientes volvieron a casa decepcionados, pero mantuvieron los juramentos que habían hecho; y Menelao se llevó a Helena a casa, muy contento. ¿A quién habría elegido Helena? ¿Estaba feliz con la elección de su padrastro? Las historias no nos cuentan nada al respecto.

Menelao tenía buenos contactos, era el hermano del poderoso Agamenón, el rey de Argos, pero él y Agamenón se encontraban bajo una maldición, no por su culpa, sino por la de su padre y su bisabuelo. Esta historia hay que contarla brevemente aquí, ya que la maldición de la familia ensombreció mucho a lo que sigue después.

El abuelo de Agamenón y Menelao era Tántalo. Era hijo de Zeus, y los olímpicos lo trataban con amabilidad e incluso le invitaban a sus fiestas, aunque solo fuese un mortal. Sin embargo, él les devolvió esa amabilidad con desprecio. Cuando invitó a los dioses a venir a su casa, les ofreció carne y no les dijo que se trataba de la carne de su propio hijo Pélope, a quien había matado. Pensó en acusar a los dioses de ser unos tontos codiciosos y avergonzarlos de ser caníbales.

Tántalo no era muy inteligente. Los dioses sabían lo que había hecho. Retrocedieron horrorizados de la mesa y, con su poder, trajeron al niño Pélope a la vida de nuevo. Enviaron a Tántalo directamente a los salones del Hades, donde se sentó junto a un hermoso estanque de agua clara y de olor dulce que se alejaba de él cada vez que se agachaba para beber o tomaba un vaso con las manos e intentaba llenarlo de agua. Cada vez que Tántalo se retiraba, el agua se levantaba de nuevo para burlarse de su sed agonizante. Alrededor de ese estanque crecían árboles que daban dulces frutos en todas las estaciones, bañándole con deliciosos olores y levantando sus ramas fuera de su alcance cada vez que él las intentaba alcanzar. Cuando gritaba de hambre, sed y desesperación, los dioses no se compadecían de él. Dejó al mundo su nombre como sinónimo de ansia desesperada y su ejemplo como advertencia contra el asesinato de niños y contra la burla a los dioses. Les dejó esta maldición a sus hijos.

Al parecer, Pélope vivió de forma virtuosa y segura. Sin embargo, no ocurrió lo mismo con sus hijos. El más joven, Tiestes, sedujo a la esposa del mayor, del rey Atreo. Atreo castigó esa acción con el asesinato de los hijos de Tiestes e hizo que él se comiera su carne sin saberlo. Al enterarse de lo que había hecho, Tiestes se sintió horrorizado. Se odiaba a sí mismo y odiaba aún más a Atreo. El poder estaba en manos de Atreo y a Tiestes no le quedó más remedio que pronunciar una maldición, la maldición que se cumplió. Y los hijos de Atreo eran Menelao y Agamenón.

Tal vez cuando le entregaron a la encantadora Helena, Menelao creyó que estaba libre de la maldición familiar. Habían sido marido y mujer durante algún tiempo, cuando Paris le entregó la manzana a Afrodita, pero Afrodita no tenía en cuenta los votos matrimoniales, ni los suyos ni los de nadie. Ella llevó a Paris a la corte de Menelao. Menelao le dio la bienvenida y confió en él: las leyes de la hospitalidad eran muy estrictas y prohibían cualquier daño entre el anfitrión y el huésped. Pero Paris y Helena se miraban el uno al otro con anhelo. Helena dijo después que Afrodita la obligó a hacerlo y que no fue su culpa; otros sugirieron que había encontrado a Paris muy guapo y decidió culpar al cielo. Sin embargo, cuando Paris le pidió a Helena que se fugara con él, Helena aceptó. Cuando Menelao estaba fuera de casa, París llevó a Helena a su barco y partieron, no hacia el hogar de su exilio (donde Enone podría no haber recibido amablemente a su nueva consorte), sino hacia Troya.

Ahora los juramentos prestados antes del matrimonio de Helena surtieron efecto. Todos los príncipes que habían pedido la mano de Helena juraron vengar el mal hecho a Menelao y traer a Helena de vuelta a casa. El hermano de Menelao, Agamenón, el rey de Argos, también quería vengar el daño causado a su pariente. Odiseo, el astuto rey de Ítaca, no vio ningún beneficio en abandonar su reino para traer a casa a la esposa fugitiva de otro. Hizo todo lo posible por evitar la llamada, al fingir locura; el mensajero enviado para traerlo lo encontró arando un campo y sembrándolo con sal. Pero cuando el mensajero, al dudar de la locura del rey, puso al joven hijo del rey, Telémaco, en el camino del arado, el rey apartó la hoja con una mirada de horror y el mensajero, convencido de su cordura, le obligó a unirse al ejército griego.

Una gran flota se reunió en el puerto de Aulis y un gran ejército esperaba para embarcar. Al principio, los presagios parecían buenos; vieron dos águilas de diferentes colores desgarrando una liebre recién nacida de su cría y un profeta les dijo que los reyes eran los diversos reyes de Grecia, que destruirían la ciudad de Troya y las mujeres y niños que había en ella para vengar el incumplimiento de la hospitalidad de Paris. Los líderes de la guerra se regocijaron y esperaron ansiosamente un viento favorable. Esperaron día tras día, pero el viento era terrible; provenía del norte e iba a destruir cualquier barco que intentara partir, día tras día y semana tras semana. Los combatientes se inquietaron; los aparejos de los barcos se pudrían con las constantes lluvias. Volvieron a llamar al profeta y le pidieron que explicara el mal destino que siguió a su buen augurio.

Una vez más había una explicación. Artemisa, la protectora de las criaturas salvajes y sus crías, estaba muy enfadada por la matanza de la liebre y de sus crías (y quizás también, aunque no lo dijo claramente, por la anunciada matanza de los niños de Troya). Había una sola cosa que la calmaría: Agamenón y su ejército podrían dirigirse hacia Troya, si Agamenón comenzara por matar a su propia hija, la doncella Ifigenia.

Agamenón protestó al principio por la amargura de estas palabras y por el hecho de que todos los caminos que se le abrían eran injustos, ya fuera para evitar la guerra, olvidar la herida de su hermano y romper su juramento, o para matar a su hija, que era la belleza y la gloria de su casa. Sin embargo, eligió matar a su hija y luchar en la guerra. Le dijo a su esposa, a la reina Clitemnestra que Aquiles, uno de los más grandes guerreros de Grecia, quería casarse con Ifigenia para sellar la alianza de sus casas antes de ir juntos a la guerra. Clitemnestra envió a la muchacha de buena gana, preparada, entusiasmada y vestida con ropas de boda. Cuando llegaron al templo e Ifigenia entendió lo que su padre le había preparado, le suplicó a él y a los demás nobles que habían estado en su casa y la escucharon cantar en sus fiestas. Pero Agamenón ordenó silenciarla y matarla.

Inmediatamente el viento empezó a soplar justo hacia Troya. Los griegos embarcaron, avergonzados por la acción que habían presenciado y consentido, por ello ardían con más furia para lograr el objetivo por el que lo habían hecho. Un mensajero desesperado regresó a Argos para contarle a la reina Clitemnestra la forma en la que había muerto su hija y ella se entristeció y empezó a tramar una venganza.

Notas:

La mayor parte de la historia de la guerra de Troya en sí proviene de la *Ilíada* de Homero, pero partes de la historia del principio se cuentan en la obra de Eurípides, *Las mujeres de Troya* (que describe lo que las diosas le ofrecieron a París) y la obra de Esquilo, *Agamenón* (que describe los presagios y profecías y la matanza de Ifigenia). He seguido el resumen que hace Edith Hamilton de la maldición de la casa de Atreo y del matrimonio de Helena, pero como encontré confuso su relato de Ifigenia y los presagios, volví a la fuente de Esquilo. (Aunque otra fuente dice que la maldición llegó no de los pájaros de presagio, sino de la matanza imprudente por parte de Agamenón de una liebre recién nacida.)

El relato es mío, pero el sentido del derroche que trajo la guerra y el terrible dilema de requerir que el líder de los guerreros mate a su propia hija antes de salir a matar a otros, provienen de las fuentes. Homero describe a Ares, el dios de la guerra, a menudo de manera amarga y poco halagadora, y muchas de las obras que tratan del asunto de Troya están impregnadas de dolor; veremos más de esto en los capítulos posteriores.

Los posteriores autores griegos se mostraron angustiados por el relato de la matanza de Ifigenia y por la idea de que los dioses podían exigir sacrificios humanos. Veremos una forma en la que trataron esto en el capítulo 9.

Capítulo 4. La batalla de Troya

La guerra de Troya fue larga, violenta y amarga. Los griegos habían traído un gran ejército con poderosos motivos mixtos. Los hombres del ejército se sintieron motivados por sus votos, por su justificada indignación ante el comportamiento de Paris frente a la hospitalidad ofrecida, por su culpa en la muerte de Ifigenia y, quizás también, en algunos casos, por su propio y frustrado anhelo por Helena. Pero Troya era una ciudad bien fortificada, los troyanos tenían sus casas que defender y lucharon tan ferozmente como los griegos.

Cada lado tenía su propio campeón, en cualquier caso, no uno de los verdaderos luchadores por la mano de Helena. El líder de las fuerzas griegas era Agamenón, pero el mayor guerrero entre ellos fue Aquiles. El padre de Aquiles era un hombre mortal, pero su madre, Tetis, era una de las nereidas, un espíritu del agua. Algunos poetas dicen que cuando Aquiles era un bebé, su madre lo sumergió en el río sagrado de Estigia para hacerlo invulnerable. Ella lo sostuvo por el talón; donde su mano cubrió la piel y el agua no alcanzó. Este punto de Aquiles quedó vulnerable a un golpe mortal. Antes de que su hijo partiera hacia Troya, Tetis sabía que la protección que le había dado era limitada y predijo que moriría en esa guerra. Con la esperanza de cambiar su destino, intentó disfrazarlo de mujer para impedir que se fuera a Troya. Sin embargo, Odiseo vio a través del disfraz y Aquiles estaba lo suficientemente ansioso por ir a la batalla, donde podía derrotar fácilmente a cualquiera que le atacara (gracias a la protección de su madre, así como a su propia fuerza y habilidad).

Por poco, su rival era el guerrero troyano Héctor, el hermano de Paris y el hijo de Príamo. Príamo ya era demasiado viejo para luchar él mismo, así que Héctor tomó su lugar en las batallas. Héctor no deseaba la guerra que se vio obligado a liderar. Odiaba la acción traidora de su hermano y no veía el propósito de arriesgar sus vidas para alejar a Helena de su legítimo esposo. Era un mortal, no un dios, pero vio claramente que moriría y que Troya caería. Sin embargo, se sintió obligado por el honor a defender a su pueblo hasta donde pudiera. Durante años, él y su ejército mantuvieron a los griegos a raya. Hubo grandes hazañas de heroísmo en esa guerra, rescates peligrosos de camaradas heridos, luchas valientes y desiguales donde la parte más débil se negaba a huir o a suplicar, y hubo un gran gasto de vida. Los héroes de Grecia y Troya morían sin cesar en un sangriento e interminable estancamiento. Los hijos de los troyanos crecían con miedo y los hijos de los griegos, sin padre.

Hubo luchas tanto en el cielo como en la tierra; los olímpicos no se quedaron impasibles ante el sufrimiento de los combatientes de abajo, pero sus simpatías y su ayuda se dividieron. Afrodita estaba del lado de Paris, por supuesto, ya que él la había proclamado la más bella de las diosas; su amante Ares naturalmente tomó su parte y, al ser el dios de la guerra, era capaz de prestar una ayuda muy efectiva. Hera y Atenea, que se sentían menospreciadas por Paris, naturalmente se pusieron del lado de los griegos. Atenea apoyaba a Odiseo, que tenía una mente estratégica no muy diferente a la suya. Las simpatías de Poseidón estaban con los griegos, ya que los griegos eran marineros frecuentes y por lo tanto rendían un gran homenaje al dios del mar. Zeus en general se inclinaba por favorecer a los troyanos, pero no tomó una mano muy activa, ya que no quería enfurecer a su esposa.

Después de una batalla, los griegos lograron poner a Apolo en su contra al capturar a Criseida, la hija de uno de los sacerdotes de

Apolo y entregársela a Agamenón como concubina. Cuando su padre vino a rogar por su liberación, Agamenón se lo negó con palabras de orgullo. El sacerdote, al no poder influir en los hombres, le rogó a Apolo que corrigiera el mal. Apolo escuchó. Era el dios de la curación, pero también tenía el poder de infligir la enfermedad; disparó flechas con plagas al ejército griego para que gimieran y temblaran en sus tiendas. Los hombres que habían sobrevivido a la carnicería ante los muros de Troya murieron en sus camas y sus cuerpos se desintegraban. Finalmente, el ejército, liderado por Aquiles, exigió que Agamenón enviara a la chica de vuelta antes de que todos murieran. Agamenón estaba enojado y avergonzado. Finalmente accedió a liberar a la chica. Su padre la llevó a casa de nuevo y la plaga cesó; pero el daño aún no estaba hecho.

Agamenón juró compensar su vergüenza al reclamar a la mujer que Aquiles había tomado para él, a la bella Briseida. Envió a hombres armados para sacarla de la carpa de Aquiles. Los mensajeros temían la ira de Aquiles y le dijeron claramente que se avergonzaban de su misión; pero Aquiles envió a la muchacha con ellos y no les atacó, pues decía que sabía muy bien de quién era la culpa. Después se encerró en su carpa, cuidó su orgullo herido y se negó a luchar en el ejército de Agamenón. Ignoró a la mayoría de sus compañeros griegos, aunque pasó todo el tiempo que pudo con su joven amigo Patroclo, a quien quería mucho.

La madre de Aquiles, Tetis, estaba tan enfadada como el mismo Aquiles. Fue a Zeus y le exigió que castigara a Agamenón. Él estaba dispuesto a ayudar, aunque difícilmente podía intervenir con un rayo sin que Hera se diera cuenta y lo culpara. En cambio, hizo soñar a Agamenón que, si salía a atacar Troya sin Aquiles, tomaría la ciudad, avergonzaría a Aquiles y se llevaría toda la gloria.

Los griegos atacaron y los troyanos les hicieron retroceder. Finalmente, cuando ambos ejércitos quedaron exhaustos, alguien hizo una sensata, pero tardía sugerencia de que los dos aspirantes a la mano de Helena debían luchar entre ellos. Los ejércitos retrocedieron, y París y Menelao se enfrentaron. París fue el primero en atacar, pero Menelao luchó con más fuerza; cuando su espada se rompió, agarró a París con sus propias manos y lo habría matado en ese momento si Afrodita no hubiera intervenido. Ella envolvió a Paris en una nube y lo llevó a un lugar seguro. Menelao recorrió las filas troyanas en busca de París. Eventualmente los troyanos lograron convencerlo, con franqueza, de que despreciaban Paris y no trataban de protegerlo, simplemente no sabían dónde estaba. Agamenón dijo entonces que, desaparecido o no, París había perdido claramente y que los troyanos debían entregar a Helena.

Esto era lo justo y, a estas alturas, ambos bandos ya estaban hartos de la guerra, por lo que los troyanos estaban de acuerdo. Héctor se alegró, al pensar menos en la gloria de la guerra o la vergüenza de la derrota y más en que su mujer y sus hijos pudieran dormir en paz. Pero Hera y Atenea querían ver la destrucción de Troya, no solo a Paris privado de Helena. Atenea persuadió a un insensato troyano para que le disparara una flecha a Menelao, mientras se alejaba del lugar en el que se habían puesto de acuerdo. La puntería de ese arquero no era mejor que su juicio, ya que Menelao solo salió ligeramente herido, pero los griegos estaban indignados y atacaron con un mayor vigor. Diómedes, su mejor luchador en ausencia de Aquiles, impulsó la batalla hacia las murallas de Troya y retrocedió solo cuando vio a Ares, el dios de la guerra, luchar al lado de Héctor. Diómedes era valiente, pero no temerario; sabía que a los dioses no se les podía vencer, e instó a los griegos a hacer una retirada ordenada. Sin embargo, Hera estaba furiosa por esto y le preguntó a Zeus si no le permitiría hacer algo con Ares, que era un malvado y un matón. Zeus le dio permiso y Atenea se apresuró al lado de Diómedes para instarle a atacar de nuevo. Lo hizo y su lanza, guiada por Atenea, atravesó el costado de Ares.

A Ares le encantaba guiar a los hombres a herirse y morir en la guerra, pero él mismo estaba acostumbrado a ser invulnerable. Lanzó un gran y terrible grito de dolor, que hizo estremecer tanto a los griegos como a los troyanos y huyó al Olimpo con quejas y chillidos. No obtuvo la menor compasión de ninguno de sus padres.

Entonces Diómedes y los griegos se adelantaron y parecía que podrían tomar la misma Troya. Sin embargo, Héctor, que era más valiente que Ares, movilizó a sus hombres para resistir. Los griegos presionaron con fuerza, pero no pudieron romper esa desesperada resistencia y, finalmente, se retiraron. Pero uno de los hermanos de Héctor vio que los dioses se habían vuelto contra ellos. Le pidió a Héctor que fuera a ver a su madre, Hécuba la vieja reina, y la instara a suplicarle a los dioses que se apiadaran de los inocentes de Troya.

Héctor fue a verla y Hécuba escuchó a su hijo. Ofreció regalos a Atenea y rezó para que Atenea se compadeciera de las mujeres y de los niños de Troya. Pero Atenea no la escuchó y Hécuba salió del templo angustiada.

Héctor encontró a Paris sentado en casa con Helena, le reprochó con palabras amargas y lo persuadió para que volviera a la lucha. Helena se maldijo a sí misma por traer la destrucción a su pueblo, pero también se describió como la desventurada e indefensa víctima de los dioses. Instó a Héctor a quedarse con ella, pero él se fue corriendo y le dijo que tenía que volver a la batalla tan pronto como hubiera hablado con Andrómaca, su amada esposa. Andrómaca le rogó que no volviera a la batalla abierta, sino que se quedara en un lugar más seguro y vigilara el punto débil de las murallas de la ciudad. Le recordó que Aquiles ya había matado al padre y a los hermanos de ella, y que Héctor era todo lo que le quedaba en el mundo para amar. Vio claramente que su valor le traería la muerte y no deseaba vivir después de la muerte de su esposo.

Héctor amaba mucho a su esposa y no podía mentirle ni para consolarla. Le dijo claramente que sabía lo que ella sabía: que él moriría, que Troya caería, que muchos de sus habitantes serían asesinados, y que Andrómaca misma sería llevada al exilio y a la esclavitud. No podía evitar ese destino al abstenerse de la lucha, así que prefería combatir entre los principales y morir antes de ver que su esposa e hijos sufrirían algún daño. Abrazó a su esposa y extendió sus brazos a su pequeño hijo Astianacte, pero el niño tenía miedo de la guerra, así que Héctor se desanimó y tomó al niño en sus brazos y rezó para que los dioses lo bendijeran. Luego envió a Andrómaca a casa, diciéndole que los tiempos de las muertes de los hombres estaban predestinados y no se debían evitar. Tan triste fue su despedida.

Pero cuando Héctor retomó la batalla tenía a un dios a su lado una vez más, no a Ares esta vez, sino al propio Zeus, impulsado por las súplicas de Tetis. Con el apoyo de Zeus y con Aquiles todavía enfadado detrás de las líneas de la batalla, los troyanos barrieron todo lo que tenían por delante y llevaron a los griegos de vuelta casi hasta sus barcos. El ejército de Agamenón se salvó solo por la caída de la noche.

En la oscuridad, los griegos fueron a Agamenón de nuevo y le dijeron que su orgulloso maltrato a Aquiles les costaría la vida. Agamenón admitió a regañadientes que una vez más se había equivocado y envió mensajeros a Aquiles para ofrecerle a Briseida y darle muchos regalos si Aquiles volvía a luchar.

Patroclo pensó que sus palabras eran buenas, pero Aquiles no quería nada de eso; le importaba más su orgullo herido que la chica o sus camaradas de armas. Dijo que pronto se volvería a casa y que, si los mensajeros tenían algo de sentido común, también deberían hacer lo mismo. Los mensajeros llevaron esa respuesta al ejército. Los griegos estaban casi desesperados entonces, pero no estaban dispuestos a irse de manera vergonzosa, sin Helena y también sin muchos de los hombres que habían navegado con ellos, por lo que se prepararon para una batalla desesperada y probablemente perdida.

Hera vio todo esto y se enfadó. Fue a ver a Zeus, que ya se había preparado para hacer frente a sus reproches. Zeus se sorprendió y se distrajo encantado cuando ella se acercó a él con una sonrisa suave, una mirada seductora y una ropa muy hermosa que también parecía estar lista para quitarse con facilidad. Él se acostó en sus brazos al amanecer y su belleza le distrajo de las acciones de los mortales. Poseidón, al notar la ausencia de su hermano, luchó en el bando griego y, de nuevo, hicieron retroceder al ejército troyano casi hasta las murallas de Troya. Héctor quedó inconsciente; sus amigos lo arrastraron a un lugar seguro, y los troyanos se asustaron y cedieron.

Entonces los troyanos, alarmados, llamaron a Zeus, que miró hacia el otro lado y vio que su guerra se había perdido. Le echó la culpa a Hera, y Hera se la echó a Poseidón; Zeus ordenó a su hermano dios que se retirara y la orden se obedeció a regañadientes. Héctor estaba de pie otra vez para entonces y guio a los troyanos en otro ataque desesperado de regreso, hacia los barcos griegos. El muro defensivo que los griegos habían construido se derribó. Un poco más y los troyanos podrían quemar los barcos ellos mismos y masacrar a los griegos a su antojo; los temores de Héctor parecían todos infundados...

Patroclo vio lo que estaba pasando y le gritó a Aquiles que no dejara que su orgullo los matara a todos. Aquiles no quiso escuchar, pero llegados a este extremo, Patroclo no quiso discutir con su amigo. A escondidas, se puso la resplandeciente armadura de Aquiles y salió a pelear. Al verlo, los griegos dieron un grito de alegría y lucharon con nuevas esperanzas. Algunos troyanos dudaron y cedieron. Ahora la marea de la batalla se dirigía de nuevo hacia los muros de Troya.

Héctor sabía que Aquiles era un rival difícil, pero de todas formas se presentó ante él y comenzó una lucha desesperada. Se sorprendió cuando «Aquiles» cayó muerto a sus pies. Héctor retiró la armadura de Aquiles, que era mejor que la suya, y vio con asombro el rostro de Patroclo. Luego regresó al centro de la lucha y todos huyeron ante él. Todos los griegos podrían haber muerto ese día si la noche no los hubiera salvado.

Aquiles se sentó en su carpa a esperar a su amigo que nunca regresó. En cambio, llegó un mensajero, exhausto y llorando, con la noticia de la muerte de Patroclo.

Aquiles se apenó muchísimo, odiaba a Héctor por matar a Patroclo y a sí mismo por no estar allí para proteger a su querido amigo. Juró vengarse de Héctor de manera inmediata. Su madre Tetis le recordó que su muerte estaba destinada a seguir a la de Héctor. Tanto mejor, dijo Aquiles, ya que había dejado que Patroclo muriera sin ayudarle. No quiso seguir el consejo de su madre, pero aceptó otro regalo de ella: armas y armaduras hechas por Hefesto, el herrero de los dioses.

Notas:

En su esencia, esta narración está tomada de la *Ilíada* de Homero. Algunas de las otras fuentes primarias que cuentan la guerra de Troya y sus secuelas se enumeran al final del siguiente capítulo.

Capítulo 5. La muerte de Héctor y la caída de Troya

Por la mañana temprano, después de la muerte de Patroclo, Aquiles fue a ver a sus compañeros griegos y, arrepentido de su orgullo y locura, dijo que los guiaría en la batalla de nuevo. Odiseo, un hombre muy práctico, dijo que era mejor que comieran primero y luego lucharan; los demás, cansados de largas luchas, estuvieron de acuerdo, pero Aquiles, todavía loco de dolor, esperó en ayunas y luego los instó al campo tan pronto como pudo.

No había duda del resultado de la última batalla. Zeus había sopesado el asunto en su balanza y decretó que Troya caería. Esto no fue exactamente aceptado sin objeción por los dioses —Atenea tuvo que derribar a Ares para evitar que interfiriera— pero al final vieron que ya no se podía cambiar el destino.

Cuando los troyanos vieron al propio Aquiles al frente de la batalla y sus armas y armaduras, que claramente no fueron hechas por ningún herrero mortal, también supieron que su guerra estaba perdida. Lucharon con más fiereza por ello, al pensar en lo que les sucedería a sus familias; pero Aquiles era imparable y poco a poco retrocedieron, hasta que las grandes puertas de Troya se abrieron para que pudieran huir hacia el interior. Solo Héctor se quedó fuera de la muralla. Pensó que todavía existía una oportunidad de conseguir que los griegos se llevaran a Helena, acompañada de un gran tesoro y dejaran en paz Troya. Después, pensó en la muerte de Patroclo y en la rabia de Aquiles, y llegó a la conclusión de que no aceptarían las condiciones de la paz, que lo único que se podía hacer era luchar hasta el final. Esa resolución se mantuvo hasta que Aquiles avanzó para encontrarse con él y Héctor vio a Atenea de pie al lado de Aquiles. Entonces, se dio la vuelta y huyó, no a través de las puertas de la ciudad, que ya estaban cerradas para mantener a los griegos fuera, sino alrededor de las murallas. Creyó ver a su hermano Deífobo de pie y esperándolo. Entonces, al creer que no estaba solo, se volvió para enfrentarse a Aquiles y pedirle solo que aceptara que el perdedor de esta lucha se devuelva a su propia gente para un entierro honorable. Aquiles se negó; y cuando Héctor se volvió hacia su hermano, no vio a nadie más que a Atenea, con una sonrisa sombría, y supo que le habían engañado.

La última batalla fue feroz, pero corta. Héctor era un hábil guerrero, pero la armadura propia de los dioses de Aquiles resistía todos los golpes y Atenea siempre estaba a mano para devolverle su lanza cuando la lanzaba, mientras que Héctor luchaba solo con una armadura hecha por los mortales. No es de extrañar, entonces, que Aquiles lo matara. Pero Aquiles no estaba satisfecho con la muerte de Héctor. Le quitó a Héctor la armadura. Los otros griegos se maravillaron ante la belleza y la fuerza de Héctor; pero Aquiles ató el cuerpo de Héctor detrás de sus caballos de carroza y lo arrastró alrededor de los muros de Troya, mientras sus viejos padres miraban desde los muros y lloraban. Después juró que arrojaría lo que quedaba del cuerpo de Héctor a los perros, cerca de la pira funeraria de Patroclo.

Esto ofendió a los dioses, incluso a algunos de los que habían tomado el papel de los griegos. La mensajera de los dioses, Iris, fue a ver a Príamo, al padre de Héctor, y lo instó a ir a Aquiles y rogar por el cuerpo de su hijo. Príamo así lo hizo, pues amaba a su hijo más de lo que amaba su propio orgullo, honor o vida. Llevó valiosos regalos y se arrodilló ante Aquiles, mientras decía amargamente que no conocía a ningún otro hombre que hubiera rogado clemencia al asesino de su propio hijo.

Aquiles vio una pena más grande que la suya y su furia desapareció. Cubrió lo que quedaba de Héctor con una hermosa túnica y devolvió los restos a Príamo, con la promesa de detener el ataque griego mientras los troyanos lloraban y enterraban a Héctor. Así que Príamo regresó y se construyó la pira funeraria de Héctor. Durante nueve días cesaron los combates y los troyanos lloraron por Héctor y por ellos mismos.

Cuando los días de luto terminaron, el rey Memnón de Etiopía vino a ayudar a los troyanos y Troya tuvo otro respiro. Aquiles mató a Memnón, pero también a él lo mataron. Nadie pudo vencerlo en el juego de espadas, pero Paris le disparó una flecha que atravesó el talón del que Tetis le había sujetado cuando lo sumergió en el Estigia, para hacerlo invencible. Paris perdió la vida poco después, pero su muerte no fue una pérdida tan aplastante para los troyanos como la de Aquiles para los griegos. Tampoco parece que fuera una pérdida devastadora para Helena; pues ella se casó enseguida con el hermano de Paris, Deífobo.

Tras la pérdida de su mejor guerrero, los griegos decidieron que no podían ganar la guerra mediante la lucha en la frente. Tampoco podían esperar eternamente encerrados en una batalla sin fin, mientras sus hijos y sus reinos se las arreglaban sin ellos. Llevaban ya casi diez años luchando ante las murallas de Troya y ahora estaban decididos a poner fin a la guerra por cualquier medio posible. Consultaron a los profetas, robaron una preciosa reliquia de Atenea de los troyanos, e intentaron otras formas esotéricas de ganarse el favor de los dioses; esto tampoco pareció funcionar.

Fue el astuto Odiseo —inspirado, según algunos decían, por Atenea— quien ideó el plan que les daría la victoria. Cuando les contó la propuesta a sus cansados camaradas, ellos no se inclinaron a cuestionar su ética. Algunos, en efecto, lo encontraron demasiado peligroso, pero Odiseo fue capaz de persuadirlos de que el mayor peligro estaba en dejar que la guerra se prolongara durante diez años más.

Durante varios días, los griegos prestaron más atención a la carpintería que a la lucha; y los troyanos, igualmente exhaustos, se alegraron de dejar que la lucha se aflojara. Entonces, una mañana, los centinelas troyanos miraron hacia los campos griegos y gritaron sorprendidos, ya que los barcos griegos se habían ido y el muro defensivo, a menudo reparado, fue derribado. En su lugar había una inmensa estatua de madera de un caballo, cuidadosamente trabajada y dorada.

Los vigilantes gritaron de alegría. Solo había cuatro personas que miraban con duda. El sacerdote Laocoonte (acompañado por sus dos hijos) dijo que desconfiaba de los griegos y de sus regalos; y la hija de Príamo, Casandra, una profetisa devota de Apolo, que dijo con urgencia que sus enemigos no se habían ido, sino que se habían escondido dentro del caballo. Nadie le hizo caso a Casandra. Nadie lo había hecho nunca. Apolo, enamorado de su belleza, le había dado el don de prever el futuro. Cuando ella se negó a convertirse en su amante y prefirió permanecer virgen, él se enfureció. Era imposible revocar su don, pero lo convirtió en una maldición al añadir que nadie creería nunca sus palabras. Después de eso, incluso su propia madre pensaba que estaba loca y todas sus advertencias fueron en vano. Laocoonte no estaba bajo tal maldición, pero le superaban en número. Sin embargo, los hombres salieron con él para investigar, por si se planeaba una emboscada; pero mientras buscaban en lo que quedaba del campamento solo encontraron a un griego, un hombre de aspecto desdichado que se postró a sus pies. Se llamaba Sinón y dijo que ya no quería ser griego. Tuvieron la suficiente curiosidad —o el suficiente alivio— como para preguntarle por qué, en vez de matarlo en el acto. Los líderes de Troya se reunieron a su alrededor mientras contaba su historia.

Atenea, dijo Sinón, se había enfurecido cuando los griegos robaron su reliquia de Troya y les dijo claramente que ya no luchaba a su lado, que lo mejor que podían hacer era volver a casa con vida, e incluso esa bendición solo se les concedería a un alto precio. Cuando le preguntaron el precio, les contestó que un sacrificio humano ya les había despejado el camino hacia Troya, y que otro sacrificio humano les debía despejar el camino de vuelta a casa; y Sinón fue elegido como tal sacrificio. Sin tener la culpa, por supuesto, al igual que no la tuvo Ifigenia en su momento. Sinón dijo que había huido aterrorizado y se había escondido hasta que los griegos se fueron. No sabía ni quería saber si los griegos habían matado a algún otro inocente desventurado en su lugar, pero en cualquier caso se habían ido.

Y en cuanto al caballo: los griegos que se marchaban se habían dado cuenta de que Atenea no era la única deidad a la que tenían que complacer; después de todo, se iban a casa por mar y necesitaban el favor de Poseidón. Así que construyeron el caballo de madera como una ofrenda para él, pues Poseidón, después de todo, era el creador de caballos, así como el dios del mar. Además, la razón por la que lo hicieron tan grande fue porque pensaron que los troyanos no podrían llevarlo a su ciudad y ganarse el favor de los dioses también. Esperaban, de hecho, que los troyanos destruyeran el caballo y provocaran, de este modo, la eterna ira de Poseidón.

La mayoría de los troyanos comenzaron a estudiar la mejor manera de trasladar al gran caballo a su ciudad y obtener la bendición para ellos mismos. Laocoonte y sus dos hijos se pronunciaron en contra de este plan, pero Poseidón, que siempre había favorecido a los griegos, envió serpientes marinas para aplastarlos. Los troyanos vieron lo que les pareció la destrucción de los impíos y decidieron llevar el caballo a su ciudad para honrarlo.

Trajeron al caballo con cantos, bailes y una gran alegría. La gente que había vivido bajo la sombra de la muerte —que había esperado a morir con valentía y con rapidez, cuando llegara el momento— estaba aliviada. Llevaron ofrendas de agradecimiento a todos los templos, cantaron, bailaron y se dieron un festín alrededor del gran caballo. Al final del día, por primera vez en diez años, se acostaron a dormir en paz.

En plena noche, Odiseo y los otros capitanes griegos, que se habían escondido dentro del caballo, abrieron una escotilla, bajaron y se apresuraron a las grandes puertas de Troya. Estas eran fáciles de abrir desde el interior. El resto del ejército griego, que solo había navegado lo suficiente como para pasar desapercibido detrás del cabo más cercano, había llegado a las puertas en la oscuridad y entró como una marea. Avanzaron a hurtadillas hasta que todos estuvieron dentro; entonces comenzaron a gritar, a saquear, a matar y a quemar.

Esto era una masacre, no una batalla. Muchos de los troyanos apenas tuvieron tiempo de despertarse antes de morir o, en el caso de algunas mujeres y niños, se vieron atados y apartados. A otros que no pudieron luchar —mujeres, niños, ancianos y ancianas— los griegos los mataron, de todos modos, en venganza por la muerte de sus amigos o, simplemente, por el anhelo de la victoria. Algunos buscaron refugio en los templos de los dioses. Esto no les hizo ningún bien. Al viejo Príamo lo mataron en los escalones del altar de Zeus mientras su esposa e hija miraban entre los brazos de sus captores, incapaces de ayudar. A Casandra, un griego la sacó a rastras del templo de Atenea, simplemente vio a una chica guapa y no pensó en la profecía, la locura o la venganza de los dioses. Algunos de los troyanos se despertaron a tiempo para luchar y para hacer más daño de lo que se esperaba con tan desiguales probabilidades; pero por la mañana todos los que habían ofrecido resistencia, y muchos de los que no lo habían hecho, ya estaban muertos.

La mayoría de las mujeres troyanas que sobrevivieron intentaron consolarse unas a las otras, aunque ninguna estaba segura de cómo hacerlo. A muchas se las había criado piadosamente y estaban acostumbradas a encomendar los sufrimientos a la misericordia de los dioses, pero ahora su piedad parecía no tener efecto y los dioses, a los que habían honrado, se mostraban sin misericordia. Y, con respecto a lo que vendría, hubo un considerable desacuerdo sobre lo que era el peor destino: el concubinato forzoso, el trabajo de la esclavitud o la muerte. También discutían sobre si el coraje se demostraba mejor maldiciendo a los griegos y manteniendo así la fe en sus propios seres queridos muertos, o aceptando sus destinos con dignidad, sin quejarse. Hécuba recomendó este último curso a su nuera Andrómaca, la viuda de Héctor, cuando los capitanes griegos anunciaron que Andrómaca se había entregado al hijo de Aquiles, aunque la propia Hécuba solo deseaba morir. Agamenón reclamó a Casandra que, al principio, escandalizó a su madre, Hécuba, hablando de bailes de boda y alegrándose de su destino. Hécuba no se sintió muy aliviada cuando Casandra añadió que su felicidad se debía al hecho de que su nuevo señor pronto moriría de una forma igual de miserable como cualquiera de sus víctimas. Hécuba supuso que esta era la «locura» de Casandra que hablaba de nuevo.

La aparición de Menelao solucionó temporalmente todos los desacuerdos menores. A Helena la llevaron a enfrentarse al marido que había dejado y las otras mujeres troyanas se volvieron contra ella, la acusaron de ser la causa de toda la matanza y la pérdida, e instaron a Menelao a matarla. Helena argumentó que nada de esto había sido culpa suya. Afrodita la había forzado a enamorarse, ¿y quién podía contradecir a los dioses? Además, le dijo a Menelao que, si Paris hubiera elegido a Atenea, le habría ayudado a conquistar a los griegos y que, probablemente, él ya estaría muerto o sería un esclavo, peor destino que perder temporalmente a una esposa. Además, le dijo a Hécuba, si Príamo hubiera matado a Paris tan pronto como escuchó la profecía, nada de esto habría pasado, así que realmente todo fue culpa de Príamo.

Esta línea de argumentación no le gustó a su audiencia troyana. Menelao dijo que él tampoco estaba convencido y que ella sería ejecutada después de su regreso a Grecia. Pero miró a Helena mientras hablaba y vio que su belleza seguía siendo la misma, y muchas de las historias dicen que cuando volvieron a casa vivieron juntos hasta que murieron de viejos, e incluso que eran felices.

A las demás mujeres de Troya les esperaba menos felicidad. La hija menor de Hécuba, Polixena, fue asesinada en la tumba de Aquiles, y el hijo menor de Héctor, Astianacte, fue asesinado también, por temor a que algún día creciera para vengar a su padre.

La madre de Astianacte, Andrómaca, se vio obligada a marcharse con su nuevo señor antes de que pudiera ver a su hijo enterrado. Se dejó a su abuela Hécuba que lo enterrara y que viera cómo los griegos incendiaban los restos de la ciudad. Bajo esa ala de humo, condujo a los últimos de su pueblo a una nueva vida de esclavitud y recuerdo.

Notas:

El relato de Homero en la *Ilíada* termina con el entierro de Héctor. La historia del caballo de Troya se cuenta al completo en el segundo libro de la *Eneida* de Virgilio (me he inspirado en el resumen de Edith Hamilton de ese relato) y también, en gran parte, en la dolorosa y triste obra de Eurípides *Las troyanas*, que también habla del saqueo de Troya y el destino de sus supervivientes.

Eurípides también escribió otras tragedias sobre la guerra de Troya, como *Helena* y *Andrómaca*, así como las obras de *Agamenón* e *Ifigenia* que proporcionaron parte del material para los capítulos siguientes.

Es sorprendente que los cuentos de la guerra de Troya se cuenten en su mayoría por escritores griegos (a excepción de Virgilio, que escribió en latín). Se habla de una victoria griega, pero se cuenta con horror la manera de lograr esa victoria y con considerable compasión por los vencidos. Asimismo, Héctor, el defensor de Troya y no de Grecia, es el hombre más admirado en estos relatos.

Para el significado completo de la profecía de Casandra sobre Agamenón, véase el capítulo 7, que describe el regreso a casa de Agamenón. Pero mientras tanto, hablaremos de otra famosa (y quizás merecida) difícil, peligrosa y retrasada vuelta a casa, la de Odiseo.

Capítulo 6. El largo camino a casa de Odiseo

Los griegos obtuvieron su victoria, pero la forma en la que lo habían hecho disgustó a los dioses. Incluso Atenea, la defensora persistente de los griegos, estaba furiosa porque Casandra había sido arrastrada fuera de su altar. Atenea fue a Zeus, y después a Poseidón; se quejó amargamente y fue escuchada. Zeus le prestó su rayo y Poseidón mantuvo la calma en el mar hasta que la flota griega estaba bien lejos de la tierra firme, entonces la azotó con una terrible tempestad. El rugido del trueno y el rugido del mar eran ensordecedores y el relámpago era tan cegador como la oscuridad bajo las nubes de la tormenta. El mezquino capitán que había sacado a Casandra del templo se ahogó en esa tempestad y Agamenón, que había reclamado a Casandra como concubina a pesar de su voto de virginidad, estuvo a punto de ahogarse también. Cuando sus barcos finalmente salieron a flote de las nubes de la tormenta y regresaron a casa, se sintió perdonado por los dioses y, si Casandra le decía lo contrario, él no la creó al igual que el resto. Menelao y Helena sobrevivieron a la tormenta, pero su barco se desvió mucho de su curso, hasta llegar a las costas de Egipto.

En cuanto a Odiseo —rey de Ítaca que había diseñado el caballo de Troya y también promovió la matanza de Astianacte para evitar una venganza posterior— sus barcos se mantuvieron a flote, pero se vieron obligados a permanecer mucho tiempo en la ciega oscuridad ante vientos extraños. Durante nueve días el vendaval sopló y Odiseo y sus hombres esperaban ahogarse en cada momento. Cuando por fin la tormenta cesó, estaban en unas aguas extrañas, perdidos, hambrientos y sedientos.

Cuando el vigía vio una isla al frente, los marineros se sintieron aliviados. Más aún, cuando los habitantes de la isla salieron a su encuentro, no con las armas en la mano, sino con suaves sonrisas, palabras amables y la invitación a un festín. La comida era extraña, parecía consistir principalmente en fruta de loto, pero su aroma era atractivo y sus anfitriones parecían amables, y así los hombres hambrientos no podían ser exigentes. Odiseo, sin embargo, era un hombre cauteloso, e instó a sus marineros a contenerse en caso de que la comida estuviese drogada o envenenada. La mayoría de ellos le hicieron caso; estaba muy claro para todos ellos que se encontraban en desgracia con los dioses y que cualquier cosa horrible podía suceder. Pero unos pocos eran lo suficientemente impacientes y confiados como para unirse al banquete inmediatamente. Enseguida las mismas sonrisas suaves que sus anfitriones habían mostrado se extendieron también por sus rostros. Cuando sus todavía hambrientos compañeros hablaron de subir más agua fresca a bordo del barco para poder navegar a casa, los hombres que habían comido el loto se quedaron mirándoles.

—¿A casa? —dijeron—. ¿Por qué queréis ir a otro lugar? No. Lo importante es simplemente quedarse, comer y alegrarse. ¿Qué más podría querer un hombre?

Cuando Odiseo les ordenó que partieran de inmediato, sacudieron la cabeza y lloraron. Los sobrios marineros de Odiseo ataron a sus camaradas sedados y los arrastraron de vuelta a los barcos, donde yacían pasivamente lamentándose. El resto de la tripulación se apresuró a navegar lejos de esa maldita orilla.

Cuando llegaron a la siguiente isla, ya tenían hambre. Parecía un país agradable, la hierba era espesa, corta y llena de trébol dulce. No muy lejos de la playa, encontraron una cueva que parecía ser la vivienda de un granjero o un lechero, ya que había cubos de leche y grandes quesos en los estantes. Un sorbo de prueba no reveló efectos intoxicantes ni de la leche ni del queso y los hombres hambrientos se dieron un festín. Odiseo trajo una bota de muy buen vino del barco para ofrecer a su desconocido huésped a cambio de su hospitalidad.

Pero cuando su anfitrión regresó, con su rebaño de ovejas delante de él, resultó no ser un hombre mortal, sino un cíclope tuerto gigante que se llamaba Polifemo. Les miró enfadado y les preguntó si eran piratas del mar o ladrones de la tierra que se habían acomodado así en su casa y habían comido su comida sin su permiso. Odiseo le dijo que no eran ni lo uno ni lo otro, sino unos pobres náufragos y mendigos que estaban, como todos los demás mendigos, bajo la protección de Zeus. (¿Recordó entonces a la gente de Troya que había rogado por sus vidas y no se le escuchó?) El cíclope se encogió de hombros y dijo que no temía a los dioses y que se comería a los hombres que habían comido su comida. Con eso, hizo rodar una gran piedra sobre la puerta, encerrándolos a todos (ya que su fuerza combinada nunca habría servido para mover esa piedra), y procedió a matar y comerse a dos de los hombres de Odiseo. Hizo lo mismo por la mañana, antes de dejar que su rebaño saliera a pastar, después se marchó con el rebaño y volvió a encerrar a sus prisioneros dentro.

Los hombres lamentaban la muerte de sus camaradas y se estremecían al pensar en su turno. Odiseo pensó frenéticamente. Cuando Polifemo regresó, tenía un plan; tenía también una enorme madera con un extremo quemado en la punta. Odiseo escondió la madera, le ofreció el vino a Polifemo y lo emborrachó satisfactoriamente. Cuando el gigante se quedó dormido, Odiseo y sus hombres sacaron la madera y le clavaron la punta afilada en el ojo a Polifemo. Polifemo se despertó demasiado tarde para salvar su vista. Gritó y palpó la cueva en busca de sus atormentadores, pero se habían escondido bajo los vientres de las ovejas. Permanecieron ocultos, atrapados en la cueva con el gigante ciego y furioso, toda la noche. Por la mañana, cuando dejó salir a las ovejas, Polifemo palpó para buscar las formas de los hombres que huían, pero ellos permanecieron escondidos bajo las ovejas y escaparon a salvo a sus barcos que los esperaban.

Parecía una huida afortunada, pero tenía un precio: no solo la muerte de las víctimas de Polifemo, sino también la ira de Poseidón. Algunas historias cuentan que este cíclope en particular era hijo de Poseidón y muy querido por él. Por ello, Poseidón juró infligir una larga miseria a los hombres que le habían hecho daño a su hijo.

Su siguiente desembarco fue más afortunado: El rey Éolo, el guardián de los vientos, dio la bienvenida a Odiseo y a sus hombres, y le dio a Odiseo un muy valioso regalo de despedida: una bolsa en la que se habían sellado todos los vientos peligrosos que podrían afligir a un barco de vela. Odiseo tomó el regalo con agradecimiento, pero no explicó su contenido a su tripulación; lo vieron guardarlo como algo precioso, pensaron que era oro y lo abrieron. Entonces, se levantó una violenta tormenta que los llevó a las costas de una isla poblada por feroces gigantes que destruyeron todos los barcos excepto el que navegaba el propio Odiseo.

Los marineros que sobrevivieron estaban en un estado de ánimo de precaución. Cuando volvieron a llegar a tierra, un pequeño grupo se arrastró hacia el interior para investigar y los demás se quedaron en el barco, listos para zarpar con rapidez. Odiseo y la tripulación esperaron el regreso de los exploradores, que no llegaban. Después de mucho tiempo, finalmente, un hombre llamado Euríloco regresó. Tenía la mirada perdida y estaba llorando. Odiseo, al no ver perseguidores, le pidió una explicación y Euríloco se la dio.

Primero, los exploradores se habían encontrado con bestias salvajes, con lobos y panteras. Pero en vez de gruñir, atacar o escabullirse a la naturaleza, las bestias les habían saludado y movido la cola. Mientras los hombres miraban a las bestias con dudas y miedo, escuchaban una dulce música delante de ellos. Enseguida, vieron un hermoso palacio construido en un claro del bosque y dentro de él oyeron a una mujer que cantaba de una forma maravillosa. Cuando llamaron a la puerta, la mujer les abrió, les sonrió y les instó a entrar y a refrescarse. Todos menos Euríloco aceptaron la invitación; él retrocedió, pues temía más a la mujer que a las bestias. Y en esto, parece que fue sabio; porque esperó mucho tiempo y sus camaradas nunca volvieron a salir. Durante un rato escuchó sus voces elevadas en ásperas canciones y risas. Después, solo escuchó gruñidos como los de cerdo, y la dulce voz de la mujer subiendo y bajando. El miedo golpeó su corazón y huyó de vuelta al barco solo.

Odiseo tomó su arco, su espada y le dijo a Euríloco que lo llevara a aquella casa. Pero Euríloco se arrodilló, le agarró los pies a Odiseo y le suplicó con lágrimas que lo excusara de volver a ese terrible lugar. Sabía, dijo, que si Odiseo iba allí tampoco regresaría; seguramente el mejor camino era seguir navegando.

Pero Odiseo se resistía a irse cuando sus hombres podrían estar vivos y en poder de una hechicera. Dejó a Euríloco en el barco y se dirigió a la tierra solo, porque ninguno de sus hombres estaba dispuesto a seguirlo.

Mientras avanzaba, se encontró con un joven apuesto que le preguntó qué hacía solo y sin rumbo en un país tan peligroso. El joven —a quien Odiseo reconoció como Hermes— le dijo que sus hombres estaban encerrados en una pocilga y en cuerpos de cerdos; y que el mismo Odiseo no podía esperar un destino mejor si entraba desprotegido en la casa de Circe, pues Circe mezclaba su comida y bebida con pociones que despojaban a los hombres de sus cuerpos humanos (aunque no de sus mentes humanas y su vergüenza humana). Pero Hermes le dio a Odiseo un antídoto y le dijo que se lo tomara y luego comiera y bebiera libremente; solo cuando hubiera comido y bebido y Circe sacara su varita para completar el hechizo de cambio de forma, Odiseo debería desenvainar su espada y amenazar con matarla si no les devolvía la forma humana a sus compañeros.

Odiseo siguió las instrucciones del dios. Pero cuando vio que sus encantos no habían cambiado a Odiseo, Circe le miró con amor y voluntariamente les devolvió la forma humana a sus hombres y preparó otro festín sin veneno para ellos y para toda la compañía del barco. Aquella noche, tomó a Odiseo como su amante (después de jurar de una forma muy firme que no le hechizaría). Durante un año permanecieron en la isla de Circe en paz, curando sus heridas, su hambre y sus horrores. Entonces, los marineros de Odiseo comenzaron a anhelar sus hogares y sus familias de nuevo e instaron a Odiseo a zarpar hacia Ítaca. Odiseo se mostró de acuerdo con hacerlo.

Los encantos de Circe eran potentes en su propia isla, pero no podía proteger a Odiseo en el largo viaje de regreso a casa. Sin embargo, ella le dio un excelente consejo. El único que podía enseñarle un camino seguro a casa, dijo ella, era el profeta Tiresias, quien desafortunadamente ya estaba muerto. Pero ella podría enseñarle a Odiseo una manera de ir a la casa de Hades con vida y convocar a los espíritus de los muertos.

Odiseo había ido voluntariamente a rescatar a sus hombres de una hechicera, pero temía mucho al reino de Hades. Al final aceptó ir y persuadió a sus hombres de que el único camino a casa era a través de la tierra del horror. Al final todos aceptaron ir a donde Circe le había indicado y tomaron el barco. Lo hicieron todos, menos un joven llamado Elpénor, que bebió demasiado durante la noche de despedida y por la mañana se cayó del tejado con las prisas de su partida.

La tripulación de Odiseo navegó hacia el norte antes de que un viento favorable (tal vez un regalo de Circe) les permitiera llegar a las oscuras arboledas de Perséfone y al encuentro de dos ríos negros, antes de la casa del Hades. Allí, Odiseo sacrificó muchos animales y llenó una fosa con su sangre. Las sombras sedientas de los muertos olieron la sangre y salieron a beber: hombres manchados de sangre, muertos en batallas olvidadas antes de que Odiseo naciera; niños, mirando fijamente y perplejos; mujeres jóvenes, algunas de las cuales podrían haber sido hermosas si no hubieran estado pálidas por la muerte... Odiseo tembló de horror, pero sacó su espada y les dijo a todos que se alejaran de la sangre hasta que la sombra de Tiresias viniera a hablar con él. Y ellos esperaron, con la mirada fija.

Antes de que llegara Tiresias, Odiseo reconoció a dos sombras. Una era la del joven Elpénor, pidiendo a gritos que Odiseo le diera una pira funeraria honorable y rezara las oraciones por su muerte cuando regresara a la isla de Circe de camino a casa, lo que Odiseo prometió hacer. La otra era la madre de Odiseo; estaba viva cuando Odiseo zarpó hacia Troya y se enteró de su muerte por la aparición de su sombra sedienta. Le habló con amor y dolor, pero la mantuvo alejada de la sangre hasta que llegó Tiresias.

Tiresias se arrodilló y bebió. Le contó a Odiseo de los muchos peligros que le esperaban en el camino de regreso, pero también prometió que Odiseo volvería a casa con vida al final de ese camino. Después de hablar, Odiseo envainó su espada y la multitud de muertos se aglomeró alrededor de la sangre. Aquiles estaba allí, Áyax y muchos otros. Odiseo conocía y lloraba a demasiados hombres muertos. Verlos a todos tan tristemente cambiados era más de lo que podía soportar. Huyó a su barco y sus hombres huyeron con él, pero nadie se burló de él por su cobardía. Y mientras navegaban, Odiseo estaba pensando en lo que su madre le había dicho: que había muerto de pena por su larga ausencia y que, en el momento de su muerte, su esposa Penélope todavía le amaba y le esperaba.

Así que se apresuró para regresar a casa, a través de los peligros que había que atravesar. Se detuvo en la isla de Circe solo el tiempo necesario para realizar los ritos funerarios de Élpenor y para recibir las indicaciones de Circe para el viaje. Entonces se pusieron en marcha de nuevo, advertidos y preparados.

El primer peligro que pasaron fue el más extraño y podría haber causado la muerte de todos ellos, si Circe no les hubiera advertido. Su barco pasó cerca de una hermosa isla llena de flores. Desde esa isla una canción se derramó sobre el agua hacia el barco, una canción más dulce que la de Circe. Circe les había dicho que las cantantes eran mujeres que se sentaban en espléndidos tronos rodeadas por los cuerpos de hombres que se habían sentido atraídos por su canción y morían de sed y hambre, distraídos por su música. Así que cuando el barco pasó cerca de la isla de las sirenas, Odiseo colocó tapones de cera en los oídos de todos sus hombres; él mismo no se los tapó, pero hizo que sus hombres le ataran los pies y las manos al mástil para que no pudiera saltar por la borda y nadar hasta las sirenas. Esta precaución resultó ser totalmente necesaria. La música de las sirenas era fascinante y sus palabras aún más, porque cantaban que tenían conocimiento de todas las cosas que habían sido o que serían, y aquellos que venían a ellas aprendían la sabiduría. Al oír esto, Odiseo ya no se preocupó por las advertencias de Circe y trató de liberarse, a lo que sus hombres, de acuerdo con sus órdenes anteriores, lo ataron más fuertemente, hasta que el viento les llevó lejos de la peligrosa isla.

Les contó a sus hombres solo la mitad del próximo peligro que se les presentaba. Tenían que pasar por un estrecho. A un lado había un terrible remolino llamado Caribdis que succionaba los barcos enteros y los escupía como trozos de madera y huesos; al otro lado, había una cueva habitada por la monstruo de seis cabezas y devoradora de hombres llamada Escila. Odiseo dijo a la tripulación que se mantuviera al margen de Caribdis, pero no vio la necesidad de advertirles de Escila, ya que Circe le había dicho que no se podía luchar contra ella. Aun así, cuando llegaron al pasaje, Odiseo tomó su lanza y se esforzó por verla a través de la niebla y la penumbra; pero lo primero que supo de su presencia fue el repentino descenso de sus seis terribles cabezas sobre largos cuellos a la cubierta de la nave. Estas se levantaron y se alejaron antes de que Ulises pudiera atacar y cada par de mandíbulas agarró a un desafortunado miembro de su tripulación, gritando por una ayuda que ningún hombre podía dar. Los remeros remaron frenéticamente, el barco salió disparado del estrecho, y los gritos se desvanecieron de los oídos de los marineros, por no decir de sus mentes.

Después de esto, llegaron a otra tierra de aspecto agradable, que Odiseo conocía como la isla del dios del sol (no Apolo, en este cuento, sino Helios). Circe y Tiresias le habían advertido de que no se detuviera en esa isla, porque los rebaños y las manadas que vivían allí eran sagrados para el dios del sol y cualquier hombre que los matara y se los comiera sería terriblemente castigado. Así que Odiseo ordenó a sus hombres que siguieran navegando. Pero Euríloco le acusó de ser un hombre duro al que no le importaba el sufrimiento ni el cansancio de sus hombres. El resto de la tripulación, tal vez a causa de la aparición inesperada de Escila contra su señor, se unió a Euríloco e insistió en llegar a tierra. Prometieron a Odiseo que no matarían a ningún ganado u ovejas de la isla, sino que se contentarían con las provisiones que Circe había empacado en su barco y con cualquier alimento silvestre que pudieran cazar o recolectar.

Entonces se acercaron a la costa, descansaron y lloraron sus muertos. Pero por la mañana, el viento se había vuelto en su contra y no podían volver a zarpar con la esperanza de llegar a casa. Los vientos continuaron en dirección contraria durante un mes; se comieron todas las provisiones de Circe y los hombres se vieron reducidos a la pesca y a la caza menor que no era demasiado abundante. Finalmente, Odiseo se dirigió solo al interior para rezar a los dioses, pedirles misericordia y un viento favorable. Rezó un poco y luego se durmió.

Durante su ausencia, Euríloco volvió a hablar con sus compañeros de barco y les dijo que la muerte les llegaría a todos, pero que la hambruna era seguramente la peor forma de morir: por lo tanto, dijo, debían matar y comer algo del ganado del dios del sol, con sacrificios apropiados y con promesas de ricas ofrendas que se harían en el templo de Helios, cuando regresaran a salvo a casa. Entonces, si el dios tenía misericordia, todo estaría bien; y si no la tenía, al menos tendrían una muerte rápida. Sus compañeros de barco estaban de acuerdo con él; de esta manera, mataron algunos animales y se los comieron.

Odiseo regresó demasiado tarde para evitar esta acción precipitada. Durante siete días, permaneció en ayunas, mientras ellos comían una buena carne. El séptimo día, un viento favorable se levantó y volvieron al barco. Al salir, el sol brilló, el viento sopló con fuerza y todo parecía ir bien. Pero cuando ya estaban lejos, en el océano abierto, unas nubes negras cubrieron el cielo, el trueno retumbó y un rayo golpeó el barco. Todos los hombres que habían comido el ganado de Helios se ahogaron; pero Odiseo se aferró al mástil y cabalgó sobre las salvajes olas. Durante nueve días, el mar lo arrastró. Cuando finalmente llegó a la orilla, volvió a oír una hermosa voz de mujer.

No se trataba de una sirena ni de una hechicera de magia negra, sino de una ninfa marina de buen corazón llamada Calipso que lo acogió, lo alimentó, lo vistió y lo llevó a su cama. Ella no le negó nada, excepto la ayuda para escapar de su isla y dirigirse hacia su hogar en Ítaca. Pronto eso fue todo lo que Odiseo quería. Durante años, pasó sus días mirando al otro lado del mar hacia su casa, preguntándose cómo estaban su mujer y su hijo.

Notas:

Este cuento, como el que sigue, viene del poema épico de Homero, la *Odisea*.

Capítulo 7. El regreso de Odiseo

Finalmente, Atenea, después de haber calmado un poco su furia por el saqueo de Troya y el robo de su templo, se apiadó de su viejo favorito Odiseo y llevó su caso ante los dioses. Argumentó que no había hecho más daño que los otros griegos y que había sufrido mucho más que todos ellos. Atenea fue capaz de convencerlos porque Poseidón no se encontraba entre ellos. Aceptaron mostrarle misericordia y ordenaron a Calipso que liberara a su prisionero. Ella consintió sin ganas, le ayudó a construir una balsa, la cargó de provisiones y Odiseo puso rumbo hacia su hogar por un mar calmado.

La calma solo se mantuvo hasta que Poseidón lo vio y entonces levantó una tormenta que rompió la balsa. Pero la diosa Ino llamó a Odiseo y le dijo que esta vez la seguridad no estaba en atarse al barco, sino en nadar libre de él. Le dio un manto para evitar que se ahogara, que él lo aceptó con gratitud. Nadó durante dos días y noches y, al final, las olas lo dejaron en tierra, desnudo, hambriento y exhausto. Encontró un hueco bajo algunos árboles, se enterró en una corriente de hojas secas y durmió como un muerto.

Por la mañana, se despertó con el sonido de mujeres riendo y llamándose las unas a las otras. Al volver a la playa, vio a una multitud de ellas bañándose y lavando su ropa. La mayoría huyeron cuando vieron a un hombre desnudo con los ojos atormentados que salía tropezando del bosque, pero una se quedó de pie y esperó a escuchar su relato. Él se arrodilló ante ella, alabó su belleza, le dijo que no sabía si era divina o mortal y le pidió que mostrara misericordia a un desdichado náufrago sin más que un trapo que lo cubriera.

La joven le dijo que se alegrara: ella era una mortal llamada Nausícaa, hija del rey y la reina de los feacios y su gente era amable con los extraños. Le dijo que esperara mientras una de sus criadas le traía ropa y que fuera a la corte y se arrodillara ante la reina. Así lo hizo y le dieron un festín y le alojaron para pasar la noche sin hacer preguntas. Por la mañana, le preguntaron si estaba listo para decir de dónde venía y qué buscaba. Contó toda su historia y le escucharon con asombro durante todo el día. A la mañana siguiente, le prepararon un barco y le llevaron a casa, a Ítaca.

La aventura no terminó ahí. Odiseo no trató de tener una llegada propia de un rey, sino que hizo que los marineros feacios lo llevaran a una playa desierta y luego remaran directos a casa, mientras él subía tranquilamente a la tierra para ver lo que había sucedido en su ausencia.

El primer ser vivo con el que se encontró en su propia tierra era un joven con ropas de pastor y cara de noble, que le preguntó quién era y de dónde venía. Odiseo siempre había sido un hombre calculador y su largo viaje no había aumentado su confianza. Inventó una larga, complicada y completamente falsa historia sobre sí mismo; al final de la cual el joven le dio una palmadita en el hombro, se rio y se transformó ante sus ojos en Atenea en todo su esplendor. Ella volvió a reír y lo llamó pícaro, pero sin ningún tono de condena. A continuación, lo sentó para explicarle el estado de las cosas en su casa y ayudarle a planear la mejor manera de lidiar con ellas. Atenea le dijo a Odiseo que Penélope, su esposa, y Telémaco, su hijo (que era muy pequeño cuando Odiseo se vio obligado a navegar hacia Troya), nunca perdieron la esperanza de su regreso. Durante los diez años de batalla inconclusa frente a Troya, tuvieron la compañía de muchos otros que esperaban sin cesar y nadie se atrevió a insistir en que los capitanes griegos perderían su guerra o no volverían finalmente. Pero diez años más habían pasado desde que los fuegos del faro dieron la noticia de la caída de Troya y más de nueve años, desde que el primer barco regresara con dificultades de la guerra y de la tempestad. Con cada año que pasaba después de eso, las esperanzas de Penélope y de Telémaco se debilitaban. Y cada año, aumentaba la presión sobre Penélope para que se casara de nuevo, para que Ítaca tuviera un rey y un protector, pues ¿quién podría decir que una mujer y un niño eran aptos para gobernar?

Penélope sostenía que aún Odiseo estaba vivo y que ella era la única regente. Sin embargo, cuando los pretendientes comenzaron a llegar a su casa desde toda Ítaca y desde los reinos vecinos, se hizo difícil insistir en esto. Después de un breve período inicial de desacuerdos, los pretendientes decidieron decirle a Penélope que todos ellos se alojarían en su casa, comiendo el producto de las tierras de Odiseo y mandando a sus sirvientes, hasta que Penélope eligiera a uno de ellos para casarse. La confianza con la que presentaron esta demanda le mostró claramente que creían que su esposo estaba muerto y que nunca los visitaría para vengarse.

Al principio, Penélope trató de ser piadosa. Dijo tristemente que podría ser que su amado esposo estuviera muerto y que, por lo tanto, debía llorar por él y no podía pensar en elegir o casarse con un hombre que lo reemplazara hasta que le hubiera tejido un espléndido sudario. Los pretendientes le permitieron hacer eso. Cada día, se sentaba y tejía delante de ellos. Eligió trabajar con hilos muy finos, y lo hizo con más precisión que velocidad, pero aun así parecía que en poco tiempo debía terminar su trabajo, ceder y elegir a uno de ellos.

Con el tiempo, uno de los pretendientes más observadores notó que, mientras Penélope tejía y tejía, el sudario apenas se agrandaba. El intenso interrogatorio a las sirvientas de Penélope reveló que mientras tejía durante el día, pasaba gran parte de la noche deshaciendo su trabajo. Confrontada con eso Penélope no lo negó, pero tampoco eligió al nuevo marido. Por lo menos, el gran número de sus pretendientes le resultaba útil. Un matrimonio por fuerza no era algo inusual, pero si alguno de los arrogantes hombres establecidos en su casa lo hubiera intentado, los demás habrían estado encantados de matar al delincuente, para mejorar así sus propias posibilidades. Así que esperó en una tregua cada vez más tensa e insostenible.

Y mientras esperaba, Telémaco iba creciendo. Al principio, los pretendientes de Penélope ignoraban al muchacho. Pero cuando el niño se convirtió en un hombre capaz de gobernar por sí mismo, su ira ardió contra los pretendientes y ellos lo miraron con una creciente sospecha.

Atenea había visto el cambio y se preocupó por evitar lo peor. Se disfrazó de marinero y se acercó a la casa donde Penélope esperaba. La sala estaba llena de hombres borrachos y alborotadores que no prestaban atención al recién llegado; pero Telémaco, viendo que un invitado estaba en la puerta y todos le ignoraban, se apresuró a darle la bienvenida, ofrecer descanso al extraño y llamó a las sirvientas para que le atendieran. El recién llegado aceptó todo con humilde gratitud y luego preguntó tímidamente con qué clase de jaleo se había tropezado, ya que en su parte del mundo los hombres se habrían avergonzado de comportarse así en una casa noble.

Motivado por ello, Telémaco contó toda la historia y añadió su propia ira y dolor. El marinero le observó de cerca, hizo comentarios de comprensión e indignación, y dijo que si Odiseo llegaba a su antigua casa, los pretendientes recibirían un pago excesivo por sus delitos. El marinero preguntó entonces si Telémaco había pensado en viajar para buscar noticias de su padre y recomendó a algunas personas que podrían pronunciar palabras sabias sobre el asunto.

Las palabras del marinero alegraron el corazón de Telémaco y sus dudas se desvanecieron. Se apresuró a volver a la asamblea para conseguir un barco y unos remeros.

Los pretendientes no habían encontrado la forma de obligar a Penélope a casarse, pero habían tomado otros asuntos en sus manos y le dijeron claramente que no tenía ninguna utilidad, ni necesidad, ni posibilidad de obtener un barco. Entre risas, volvieron a sus fiestas. Telémaco salió de la casa solo y bajó a la orilla del mar, donde miró fijamente las aguas donde su padre había partido hacía tanto tiempo. Rezó a Atenea y ella se acercó a él, aunque no la reconoció, ya que había tomado la forma de un anciano llamado Méntor, un amigo de confianza de Odiseo. Pero Telémaco se alegró de ver a Méntor, más aún cuando Méntor le prometió encontrarle un barco.

Aquella noche Telémaco se escabulló de nuevo a la orilla con una bolsa de provisiones y el barco zarpó. Primero a Pilos, donde el viejo amigo de Odiseo, Néstor, le ofreció buenos deseos, pero sin saber nada. Sin embargo, sugirió que Menelao, que había tenido un viaje de regreso mucho más largo, podría saber más. Así que Telémaco partió hacia Esparta.

Allí, tanto Menelao como Helena —salvada de la mano de su marido por su belleza— le dieron la bienvenida al joven y le hablaron con grandeza de Odiseo. Menelao añadió que el hijo de un dios le había dicho que Odiseo vivía, aunque era prisionero de una ninfa marina. Telémaco lloró con una mezcla de dolor y alivio, sin saber que para entonces las noticias de Menelao estaban obsoletas y que Odiseo ya estaba de camino a casa.

Por lo tanto, dijo Atenea, Penélope y Telémaco estaban vivos y eran leales, pero los pretendientes aún estaban asentados como una plaga de langostas en la casa de Odiseo y era más probable que lo mataran de inmediato, en lugar de darle la bienvenida, si sabían quién era. Para prevenir eso, ella le dio la apariencia de un anciano mendigo, aunque él mantuvo la fuerza, así como la rapidez mental de Odiseo y lo envió para que pidiera ayuda a un amistoso porquero, mientras ella se apresuró a llamar a Telémaco de vuelta a casa.

El porquero le dio comida y refugio al pobre viejo extraño. Por la mañana, cuando Telémaco vino a su cabaña, el porquero recibió a su joven señor con alegría. Entonces Atenea distrajo al porquero y volvió a poner a Odiseo en su propia forma el tiempo suficiente para que se diera a conocer a su hijo y empezara a hacer planes. Pero cuando Telémaco dejó la cabaña para ir al palacio, con Atenea a su lado, Odiseo volvió a usar su vieja forma de mendigo.

Poco después, el viejo mendigo apareció en la puerta de la casa de Penélope. La propia dama, como de costumbre, estaba encerrada en sus aposentos para evitar a sus bulliciosos pretendientes; los pretendientes, como de costumbre, se estaban relajando después de la comida y se divertían en burlarse del pobre viejo en el umbral. Él escuchó sus burlas con paciencia. Esta paciencia molestó a uno de los pretendientes, que le golpeó. Soportó el golpe como todo lo demás; pero las sirvientas se escandalizaron y corrieron para decirle a Penélope que, a un extraño, a un huésped, se le había tratado vergonzosamente en su salón.

Penélope estaba indignada, pero sabía muy bien cómo demostrarlo. Salió a ver a sus pretendientes, por primera vez en muchos días. Iba entre dos criadas y con un velo sobre su cara, pero aun así su encanto era inconfundible; todas las miradas se volvieron hacia ella y sus pretendientes dejaron en paz al mendigo para hacerle cumplidos. Ella rechazó estos cumplidos y dijo que sabía que el dolor por su marido le había quitado la belleza; pero en efecto, se afligió, porque había llegado a creer que su esposo estaba muerto de verdad. Por ello, ¿por qué los hombres de su casa no la cortejaban de la manera habitual, con cortesía y con regalos?

Con esto, los hombres que habían estado comiendo de su casa y propiedades compitieron entre ellos para darle los regalos más valiosos. Ella lo aceptó todo con seriedad y se retiró sin hacer ninguna promesa, ni invitar a nadie a seguirla a sus aposentos, excepto al mendigo insultado.

A solas con su esposa por primera vez después de veinte años, Odiseo mantuvo su disfraz. Contestó humildemente a sus amables palabras y dijo que había visto a Odiseo dirigirse a Troya. Habló de él como de un muerto al que había honrado y Penélope lloró. Luego envió a un sirviente para que lo atendiera y le dio una cama para pasar la noche. Durmió intranquilo, preguntándose cómo podría prevalecer contra un número tan grande de hombres desvergonzados; pero trató de tranquilizarse con el pensamiento de su propio buen ingenio, el coraje de Telémaco y la ayuda de Atenea.

Por la mañana, descubrió que Penélope también le había ayudado, sin saberlo. Volvió a salir ante los pretendientes y dijo que había decidido la forma de elegir a su próximo marido. Entonces, sacó el arco que había sido de Odiseo. Quien pudiera disparar una flecha desde él directamente a través de los doce anillos, una hazaña que Odiseo habría hecho con facilidad, sería el digno sucesor de Odiseo. Se retiró entonces y dejó a Telémaco para que observara e informara sobre el disparo.

Odiseo, al oír esto, vio su oportunidad. Se escabulló fuera y dio instrucciones a dos viejos sirvientes de confianza. Luego volvió a entrar y vio como pretendiente tras pretendiente intentaba y fallaba al disparar con su gran arco. Después del último fracaso, se adelantó, todavía viejo y harapiento en apariencia, y pidió una oportunidad para probar si la fuerza de su juventud lo había abandonado por completo. Los pretendientes gritaron que tal petición era un insulto, pero Telémaco dijo que el asunto de elegir no era de ellos y le dio el arco al viejo desconocido.

Los pretendientes miraron con asombro cuando el mendigo tensó el arco y disparó su flecha a través de los anillos. La multitud se abrió, cuando el mendigo giró el arco hacia ellos. Buscaron sus armas, que habían desaparecido (escondidas por el prudente Telémaco); corrieron hacia las puertas y las encontraron cerradas por fuera por los fieles sirvientes; suplicaron por sus vidas, pero sus súplicas cayeron en oídos sordos, excepto por un cantante al que Odiseo eligió perdonar. Entonces Odiseo abrió la puerta de la habitación de las sirvientas y les dijo que tenían que limpiar el lugar. Muchas de las mujeres se alegraron al ver a los pretendientes muertos. Estos hombres eran arrogantes, de mal genio y libres con sus manos, pero algunas se afligieron. Odiseo preguntó cuáles de ellas había coqueteado con los pretendientes o se había unido a ellos para faltarle al respeto a Penélope y sus compañeras declararon culpables a doce de las cincuenta sirvientas. Odiseo hizo que las ahorcaran; sus viajes y sus sufrimientos le habían enseñado muchas cosas, pero aparentemente la misericordia no era una de ellas.

Finalmente, llamaron a Penélope y ella miró fijamente al hombre que se llamaba a sí mismo su marido. Pero cuando lo probó con señales y preguntas secretas, cuando por fin estaba segura de que se trataba de su Odiseo perdido, cayó en sus brazos, llorando y riendo. Su alegría por el reencuentro fue más grande que las infinitas penas que habían sufrido por separado.

Notas:

Esta narración está tomada de la *Odisea* de Homero.

Capítulo 8. El regreso a casa de Agamenón y la elección de Orestes

El camino a casa de Agamenón era más corto y más directo que el de Odiseo. Su barco había estado a punto de hundirse, pero él y todos sus hombres evitaron ahogarse. Cuando los mares se calmaron, ya estaban en aguas familiares con un viento favorable. Se dirigieron directamente a Argos, donde el pueblo y la reina de Agamenón esperaban su regreso.

Su espera fue intranquila. Durante diez años, la ciudad había sido solo de mujeres, ancianos y jóvenes. Sus ojos y sus mentes estaban volcados en el mar y se preguntaban qué había pasado con sus soldados desaparecidos. A veces, la gente alababa a Agamenón por su valor y le deseaba la victoria y un pronto regreso. Otras veces, lo culpaban por llevar a sus hombres a una guerra sin sentido por una esposa infiel. En otras ocasiones, en voz baja, murmuraban sobre Ifigenia, la hija inocente que había matado para conseguir un viento favorable para su viaje; y miraban con ojos sombríos al palacio donde la madre de Ifigenia, Clitemnestra, se sentaba y reflexionaba y... Ninguno de ellos fue lo suficientemente insensato como para decir en voz alta qué otra cosa podría estar haciendo; algunas cosas era mejor no saberlas.

Incluso cuando el vigilante de la parte superior del palacio vio la cadena de incendios que significaba que Troya había caído y cuando los hombres de Argos regresaban triunfantes, los vigilantes tenían opiniones divididas. Estaban ansiosos por volver a ver a los que se habían perdido y quizás también a su señor rey. Sin embargo, deseaban en voz alta y con dudas a que Agamenón tuviera la sabiduría de no excederse en su victoria y así ofender a los dioses. Una y otra vez, miraban hacia el palacio y se preguntaban qué clase de bienvenida tenía en mente Clitemnestra.

Ella actuó rápidamente con el fin de disipar esas dudas al preparar una espléndida celebración para el regreso de su querido esposo. Ordenó sacrificios y ofrendas de agradecimiento, música y flores, y la preparación de un gran festín. Habló libremente a todos los oyentes de su largo dolor por la ausencia de Agamenón y su profunda alegría por su regreso, y nadie la contradijo, al menos, no en voz alta. Criticó a los hombres que maldecían a Helena como la causa de la guerra. Helena, después de todo, era la hermana de Clitemnestra; ¿y no la había llevado por mal camino una diosa? ¿Y quién era tan impío como para resistirse a una diosa? Una vez más, su pueblo había aprendido durante los diez años de su gobierno a no discrepar cuando ella podía oírlos.

Tal vez fue una falta de tacto de Agamenón llegar a las puertas de su palacio y presentarse ante su esposa acompañado por su obligada concubina Casandra, pero Clitemnestra no ofreció ningún reproche de esposa. Ella se encontró con Agamenón con un apasionado y florido discurso de bienvenida y extendió paños púrpuras para que él los pisara, para que sus pies no tocaran el polvo. Él argumentó que tal honor les correspondía a los dioses, no a los hombres y que se podía tomar como un signo de arrogancia de su parte, pero ella dijo que había hecho un juramento a los dioses sobre cómo le daría la bienvenida a su marido a casa, y ¿tenía él la intención de hacer que ella lo rompiera? Así persuadido, caminó sobre las finas púrpuras hasta sus propias puertas, donde ella lo llevó adentro, instándole a que viniera a bañarse y a ponerse unas finas ropas antes de sentarse a celebrar su victoria. Su gente miraba y murmuraba mientras las grandes puertas se cerraban tras él.

Se dejó a un sirviente para que acompañara a Casandra a la casa. Este lo hizo con nerviosismo, ya que la dama era conocida por ser una loca, una profetisa o algo así, y también por ser notablemente libre con su lengua. La gente seguía horrorizada, si no sorprendida, cuando ella observó el palacio con horror y recordó a la multitud observadora los asesinatos y las traiciones que habían plagado a la familia de Agamenón durante generaciones y añadió que el siguiente episodio de esa horrible historia estaba a punto de suceder y que ella también sería una de sus víctimas. Algunos de los oyentes murmuraron que si no quería ser una víctima debía hablar con más cuidado. Casandra dijo que la discreción no la salvaría; nada la salvaría; solo dejaría que la recordaran y la vengaran. Entonces entró temblando al interior de la casa.

Poco después, las grandes puertas se abrieron de nuevo y Clitemnestra llamó a su gente para que viera cómo había acogido a su señor en su hogar. Agamenón yacía a sus pies, envuelto en un precioso y también pesado e imponente vestido de plata, cubierto de sangre y muy muerto; su esposa lo había apuñalado cuando estaba indefenso y desprevenido. Casandra, menos elegante pero igualmente muerta, yacía a su lado.

La gente retrocedió horrorizada y gritó que sería desterrada por una acción tan horrible. Clitemnestra les dijo que no lo creía así. En primer lugar, el poder estaba en sus manos no en las de ellos y los guardias del palacio le eran leales. Pero, más importante aún: ¿cómo se atrevían a decir que ella era una asesina, si no le habían dado la misma mala acogida a Agamenón? Clitemnestra, después de todo, había matado a un hombre culpable, al asesino de su hija más querida; mientras que Agamenón era el asesino de una inocente, de su propia hija inocente. Además, el linaje de Agamenón estaba manchado con más asesinatos que el suyo: la casa de Atreo estaba maldita, de raíz y rama, por los dioses: ¿quién era ella, Clitemnestra, sino el instrumento de la venganza de los dioses?

La gente retrocedió y murmuró con dudas. No podían tolerar que adulara y luego asesinara a su marido; pero también recordaban a Ifigenia, feliz y con un gran corazón, que se disponía a casarse y recordaban el primer horror al oír que había sido asesinada, sin casarse y por su propio padre... Tampoco habían olvidado la maldición de la casa de Atreo... Pero aun así, aun así...

Mientras pensaban, un hombre apareció junto a Clitemnestra. Era Egisto, un pariente de Agamenón: su padre era Tiestes, que fue engañado por el padre de Agamenón, Atreo, para que se comiera la carne de sus propios hijos asesinados. Egisto había escapado de la matanza y creció para reflexionar y conspirar. Atreo había muerto antes de que Egisto tuviera fuerzas para atacarlo, pero había algo apropiado en visitar el momento de la venganza contra el hijo del culpable. Así que, aunque Clitemnestra había hecho la parte de seducción y el apuñalamiento, él se había asegurado de que nadie interviniera. Además, había otro incentivo para él: era el amante de la reina, y no quería renunciar a ella solo porque su arrogante marido había vuelto a casa.

Los ancianos que habían dudado cuando Clitemnestra habló, recuperaron su convicción mientras escuchaban a Egisto. Lo maldijeron por ser un cobarde que se había quedado en casa mientras otros hombres salían a morir en la guerra de Troya y que había dejado que su venganza se llevara a cabo por una mujer; lo amenazaron con las maldiciones de los dioses y le ofrecieron darle a probar la venganza de los mismos dioses.

Egisto llamó a los guardias del palacio vestidos con una armadura completa. Podría ser indecoroso matar a los ancianos, dijo, pero si eran rebeldes era totalmente apropiado encerrarlos y no alimentarlos hasta que vieran la lógica, rogaran por misericordia y juraran lealtad. Sin embargo, si se resistían al arresto, tendrían la culpa de su propia muerte.

Clitemnestra se interpuso entre las filas de los hombres y detuvo lo que podría haber sido una masacre:

—No —le dijo a Egisto—, no hay necesidad de eso; dejemos que los viejos se quejen, no hay ningún daño real en ellos y si matamos de hambre a muchos de ellos, tendremos una mala reputación. Dejemos que se vayan a casa y reflexionen sobre la justicia del destino de Agamenón. Su linaje maldito está muerto ahora y la maldición está muerta con ellos y nosotros, los nuevos gobernantes, haremos las cosas bien.

Tal vez creía en lo que decía entonces, pero, después de un tiempo, el miedo anuló cualquier impulso hacia la gentileza. Por orden suya o de su nuevo marido, el cuerpo de Agamenón se cortó, se deshonró y no se le dio ningún rito funerario. Entonces Clitemnestra comenzó a mirar con dudas a los hijos restantes de Agamenón que eran tanto de él como de ella. Ifigenia murió por su mano, pero aún quedaban dos hijas y un hijo pequeño.

Electra, la mayor de las muchachas vivas, vio el miedo y la reflexión en el rostro de su madre, por ello hizo sus propias reflexiones. Instó al anciano que cuidaba a los hijos de Agamenón a que se llevara a su hermano pequeño Orestes a un país lejano y lo escondiera. El sirviente obedeció y el niño ya estaba lejos antes de que Clitemnestra o Egisto fueran tras él. Al ver que se había ido, temieron que se criara con alguien que le enseñara el deber de la venganza y, en cualquier caso, existía el peligro de que cuando creciera hasta la madurez reclamara la herencia de su padre. El rumor corría por la ciudad de que los sirvientes de Clitemnestra se encontraban en el extranjero y ofrecían dinero a cambio de información sobre el paradero de Orestes y aún más dinero por su cadáver. Si esos rumores eran ciertos, los mensajeros no tuvieron éxito.

A pesar de su propio ejemplo, Clitemnestra parece haber considerado a las hijas menos peligrosas que los hijos. De hecho, su hija menor, Crisótemis, resultó ser tranquila, obediente y dispuesta en todo momento a honrar a Egisto como si fuese su propio padre. Electra era otro asunto. Agamenón no había recibido ritos funerarios;

el luto por él estaba prohibido, pero Electra se afeitó la cabeza, se rasgó la ropa y se lamentó en voz alta ante cualquiera que la escuchara, no solo durante los días habituales de luto, sino durante años. Clitemnestra lo intentó con las reprimendas, con las órdenes e intentó golpear a su hija: nada dio resultado. Finalmente, Egisto ordenó no tratar más a Electra como una princesa. La vistieron como a una sirvienta y le ordenaron que hiciera trabajos serviles. Solo en una cosa se la trató con un especial cuidado: se le puso un guardia para asegurarse de que ningún hombre la cortejara o se acostara con ella, para que no tuviera un hijo vengador.

Si este tratamiento estaba destinado a quebrar el orgullo de Electra o su determinación, entonces tal plan fracasó. Egisto la dejaba encerrada en casa y cuando él estaba allí, ella no se atrevía a salir; pero en su ausencia, ella se las arreglaba para escaparse y llorar en la tumba de su padre. Clitemnestra, por su parte, celebró el aniversario de la muerte del hombre que había matado a su hija mayor, aunque su devoción por el recuerdo de Ifigenia no parece haberla hecho más cariñosa con su otra hija.

Pero una noche, después de años de gobernar al lado de Egisto, Clitemnestra tuvo sueños terribles. Algunos dicen que soñó que daba a luz a una serpiente, que la levantó para amamantarla y la serpiente le golpeó el pecho y le sacó sangre del corazón. Otros dicen que soñó con que Agamenón entraba en el palacio, clavaba su cetro en la chimenea y el cetro echaba raíces y crecía hasta que sus grandes ramas cubrían toda la tierra. Despertó con un frío temor en su corazón y envió ofrendas tardías a la tumba de Agamenón: vino para la libación y también mechones de su propio cabello. Los envió a través de su hija Crisótemis, con un sano temor de visitar la tumba ella misma. Y Crisótemis, de camino a la tumba, se encontró con Electra que iba a su propio luto solitario.

Crisótemis y Electra no estaban acostumbradas a estar juntas; pues la sumisa Crisótemis se vestía y era tratada como una princesa (aunque sus pretendientes quedaban muy desmotivados), mientras que Electra se quedaba en los cuartos de los sirvientes. Tal vez no sea sorprendente que cuando por fin se encontraron, se reprocharan la una a la otra. Crisótemis le dijo a Electra que actuaba como una loca, que su ira declarada y su luto no herían a nadie más que a ella misma y no servían para nada en absoluto. Electra respondió con rabia que, si nadie en la tierra lloraba por los asesinados, si nadie se enfrentaba a los asesinos a pesar de su poder, entonces la vida no tenía sentido y la humanidad era totalmente despreciable. Crisótemis dijo que Egisto había amenazado con encerrar a Electra en un calabozo para el resto de su vida si no dejaba de quejarse públicamente. Pues qué lo haga, dijo Electra. Además, que Crisótemis no se atreva a colocar los cabellos de Clitemnestra en la tumba de Agamenón; los suyos y los de Electra serían más apropiados.

Con eso, al menos, Crisótemis estuvo de acuerdo. Fue a la tumba y se encontró con que alguien había estado allí antes que ella. Había un mechón de pelo rojizo en la tumba y el suelo estaba mojado con vino. Observó con atención el cabello, muy parecido al suyo, muy parecido al de su hermana, pero claramente no pertenecía a ninguna de las dos. Una esperanza surgió en su mente y corrió a compartirla con su hermana.

Clitemnestra, al parecer, se había arrepentido y se sintió obligada a visitar la tumba ella misma; pero de camino hacia allí se encontró con Electra y se detuvo para regañarla por vagar fuera, cuando se suponía que estaba encerrada en la casa. Pronto se oyeron palabras fuertes por ambos lados. Clitemnestra llamó a Electra una hermana falsa, capaz de honrar al asesino de Ifigenia; Electra respondió que si el asesinato de un pariente debía ser castigado con sangre Clitemnestra debía mirarse a sí misma y, en cualquier caso, su amor materno no era tan evidente hacia sus hijos vivos; y que la lujuria por Egisto le parecía el motivo más probable y el menos digno de elogio.

Un extraño, un anciano con ropas manchadas de viaje, interrumpió la pelea entonces, diciendo que era un viajero que venía desde Fócida y que se dirigía al palacio con noticias de Orestes. Clitemnestra preguntó que qué noticias serían estas. El anciano le respondió que Orestes estaba muerto.

Clitemnestra miró de forma extraña al mensajero y dijo que no sabía si llorar por su hijo o alegrarse por su propia seguridad, recién garantizada. Electra no tenía tales dudas y gritó con amargura. Clitemnestra murmuró acerca de los malos modales de la chica y apuró al visitante a entrar en el palacio para elaborar más su noticia.

Fue entonces cuando Crisótemis llegó a Electra y comenzó a expresar sus esperanzas, basadas en la ofrenda que había encontrado en la tumba, de que Orestes viviera. Cuando Electra informó de la noticia del anciano desconocido, Crisótemis se puso a llorar y, por un momento, las hermanas se vieron unidas por su dolor; pero cuando Electra dijo que la tarea del vengador recaía ahora sobre ellas dos, ya que su hermano había muerto, Crisótemis se negó a participar en tal intento. No tenían fuerzas para ello, dijo; lo único que conseguirían era que las mataran. Electra estaba dispuesta a arriesgarse y le dijo a su hermana, con desprecio, que fuera a contarle a Clitemnestra sus amenazas para así asegurar que muriera. Crisótemis protestó que no estaba tratando de hacer que mataran a nadie y volvió corriendo al palacio, pero no para contar nada.

Un joven extraño llegó a Electra antes de que pudiera calmarse: también venía desde Fócida y llevaba una urna con las cenizas de Orestes. Pero cuando vio la intensidad del dolor de Electra y supo quién era, el joven se puso a llorar y confesó que era Orestes que había vuelto con una noticia falsa para ver cómo estaban las cosas en Argos. No esperaba ver a su hermana tan flaca, consumida y vestida como una sirvienta, pero al verla se decidió. Aunque, en efecto, había consultado al oráculo antes de volver a Argos y le había preguntado a Apolo qué debía hacer: no vengar a su padre sería algo terrible; vengarse del marido de su madre y de su pariente sería un tanto desalentador; y hacerle daño a su madre... eso sí que sería horrible. Pero Apolo le había amenazado con toda clase de maldiciones si no vengaba a su padre, así que por venganza había venido. No para levantar una rebelión, pues no tenía ni el dinero ni los hombres para ello; pero como su padre había sido asesinado por la astucia, seguramente el castigo podría ser adecuado a tal crimen.

Y así se demostró. Al entrar al palacio, supuestamente para presentar las cenizas de Orestes, Orestes fue recibido por Clitemnestra. Ella envió un mensajero para traer a Egisto de vuelta para escuchar las buenas noticias y luego invitó al muchacho a venir a hablar en privado con ella sobre la muerte de su hijo. Cuando entendió que su hijo vivo había vuelto y supo por qué había venido, le suplicó por su vida; pero él no tuvo más piedad de ella que la que ella tuvo de su marido o de Casandra. El asesinato de Egisto, que vino después del de su madre, fue también muy fácil. Y cuando Orestes abrió las puertas y mostró los cuerpos —como Clitemnestra lo había hecho con sus víctimas— la gente estaba dispuesta a elogiarlo como un vengador justo.

Pero no solo eran sus voces las que importaban. El rostro de Orestes se oscureció y sus manos se quedaron apretadas. Al hablar despacio y con dificultad, dijo que un terrible sonido había comenzado en su mente y temía que pronto bailaría al son de la música de la locura. Mientras mantenía su mente sana, quería que quedara claro que sus acciones habían sido justas, que su madre había sido una asesina, que Apolo lo había llevado a actuar, que lo había amenazado con cosas terribles si no actuaba, pero que sentía que la maldición se le venía encima ahora, que no podía quedarse después de todo y gobernar el reino cuyos tiranos había matado; tenía que hacer una larga peregrinación y penitencia, tenía que ver si Apolo lo limpiaría y lo liberaría.

El pueblo le instó a calmarse, le aseguró que había actuado de manera correcta. Pero él se quedó mirando algo que ninguno de ellos podía ver y jadeó en voz alta acerca de las horribles mujeres de pelo serpenteante y ojos sangrantes que venían a agarrarlo.

—No son reales —gritó la multitud—. Quédese aquí. Usted tenía razón. ¡Y ha ganado!

Pero Orestes gritó de nuevo acerca de las terribles mujeres y huyó, su rostro se retorció, como si él mismo estuviera atrapado en una agonía de muerte que no tendría fin. La gente lo miraba fijamente y murmuraba de que no sabían si llamarlo salvador o destructor.

Notas:

He tomado el relato de la respuesta del público a la muerte de Agamenón de la obra de Esquilo *Agamenón*. Las *Coéforas* de Esquilo, *Electra* de Eurípides y *Electra* de Sófocles cuentan versiones variantes de la siguiente parte de la historia. He usado una mezcla de ellas en este relato. Sófocles menciona a Electra como la que envió a Orestes a la clandestinidad, mientras que Esquilo dice que Clitemnestra lo desterró y Eurípides dice que un sirviente huyó con él por iniciativa propia. Crisótemis solo aparece en la narración de Sófocles. Además, Sófocles termina su obra con una nota de aparente triunfo, mientras que tanto Esquilo como Eurípides terminan con Orestes lleno de culpa y con su huida. He seguido el relato de Esquilo más de cerca aquí. Los poetas también dan una imagen bastante diferente de la opinión pública: merece la pena leer las tres obras y contrastarlas. Algunos relatos muestran una cierta tristeza por Clitemnestra. Sin embargo, parece que a Egisto no se le lamenta en absoluto.

Esquilo y Sófocles están de acuerdo en que Electra permaneció como sirvienta soltera en la casa de Egisto, pero Eurípides dice que Egisto la obligó a casarse con un campesino; el campesino, sin embargo, no le puso la mano encima y le ayudó a ella y a Orestes con su plan de venganza.

Tanto Esquilo como Eurípides dan relatos alternativos del final de la historia de Orestes y la resolución de la maldición familiar, como lo veremos en el próximo capítulo.

El epígrafe de *Harry Potter y las reliquias de la Muerte* está tomado de las *Coéforas*, cuando la gente reza para que los dioses les ayuden a Orestes y a Electra a vengarse de su madre y de su padrastro, aunque supongo que Rowling eligió las palabras por sí mismas y no por su contexto.

Capítulo 9. El traspaso de la maldición

Orestes huyó, con las manos ensangrentadas y la mente enloquecida, al templo de Apolo, mientras las furias lloraban junto a sus talones. Apolo le había hecho matar a su madre, pensó, y seguramente si había alguna protección del castigo por ese terrible crimen, Apolo debía ofrecérsela.

Las furias (conocidas en griego como las erinias), como recordarán del capítulo 1, nacieron del derramamiento de sangre cuando el titán Urano castró a su padre Cronos. Desde entonces, habían perseguido a los mortales que derramaban la sangre de sus parientes. Eran inagotables, implacables; tenían un cierto sentido de la justicia y ninguna piedad en absoluto. Su manera, como le dijeron a Orestes, era agarrar a los culpables del derramamiento de sangre y nunca dejarlos ir hasta que el horror de ellas hubiera enviado a su víctima a una lenta enfermedad de desgaste. Las furias eran bebedoras de sangre, pero no ofrecían una muerte rápida y sangrienta; preferían dejar que sus víctimas se debilitaran muy, muy lentamente, para afligir sus cuerpos con hambre y dolor, así como sus mentes con imágenes horribles de los actos que habían realizado. La muerte por tales causas llegaría de forma lenta, pero segura, sin traer ninguna liberación; en el Hades, la ira de las furias aún yacería sobre el derramamiento de sangre, dejando a uno en la eterna desdicha.

Orestes ya estaba agotado y con los ojos hundidos cuando se derrumbó en las puertas del santuario de Apolo y la sacerdotisa del templo se alejó de él con horror. Pero sus perseguidoras también perdieron el sentido allí, despojadas de su terrible poder por la presencia de la joven y, tal vez, en cierto modo, por el dios que habitaba allí. Fue Orestes quien se despertó primero, para encontrar a Apolo pensativo. Vio también a las furias y se estremeció, pero ellas dormían y su mente estaba libre de su locura, si no de su temor hacia ellas. Por fin comprendió las órdenes que Apolo le dio.

Su primer instinto fue el acertado: huir de Argos y exiliarse para expiar sus pecados. Apolo le dijo que tendría que huir más lejos, viajar por tierras y mares extraños, ofrecer sacrificios en otros altares y buscar la limpieza de su culpa. Pero Apolo no dejaría que las furias le destruyeran en cuerpo y alma mientras durara la peregrinación. Al final llegaría a Atenas y en el santuario de Atenea tendría que defender su caso y entregarse al juicio, ya sea para que se le devolviera a su casa, se le perdonaran sus pecados, o para que se le entregara a las furias para una muerte lenta y miserable seguida de una eternidad llena de sufrimiento.

Orestes lo oyó y aceptó la sentencia con la única condición de que Apolo recordara la verdadera justicia, pues, según Orestes, nadie dudaba del poder de un dios para hacer el bien. No manifestó sus dudas sobre la constante voluntad de Apolo para hacer el bien, pero, sin duda, el dios las entendió. Aparentemente, no las veía como una causa para un mayor castigo. Envió a Orestes fuera de su presencia con Hermes a su lado para guiarlo y protegerlo y solo después de que Orestes estuviera bien lejos, dejó que el fantasma de Clitemnestra tomara forma ante el altar y despertara a las furias para perseguir a su presa de nuevo.

Y así lo hicieron, incansables y terribles. Orestes las veía venir siempre detrás de él. Sin embargo, con Hermes a su lado, no se atrevieron a agarrarlo. Vio su pelo serpenteante y sus ojos sangrantes, recordó la terrible acción que había realizado, se afligió, pero siguió siendo capaz de comer, dormir y recordar su propósito, sus instrucciones y su esperanza. Poco a poco, a medida que los largos meses pasaban, su horror se desvanecía. Después de un año, se presentó en el templo de Atenea y se sometió a su juicio; dijo, también, que sus manos estaban limpias ahora, su culpa purgada por su peregrinación y su largo dolor, de modo que tenía derecho a hablar en el templo santo y a pedir justicia.

Las furias, a las que se les había permitido entrar en este templo sin dormirse, respondieron que no existía tal cosa como la expiación. Orestes no podía quedar limpio de su pecado, como tampoco Clitemnestra podía resucitar de entre los muertos.

—¿Por qué no habíais acosado a Clitemnestra cuando ella mató a su marido y luego pasó años disfrutando del poder y de sus placeres? —preguntó Orestes.

—Porque él no compartía ningún vínculo de sangre con ella —dijeron las furias.

No les preocupaban los grandes y abstractos desequilibrios de la justicia. Su tarea era atormentar a los asesinos, lo hacían fielmente y pobre del que intentara apartarlas de su presa. En primer lugar, si sus demandas no se cumplían, habría una consecuencia natural: los niños se sentirían libres de matar a sus padres y la tierra se cubriría de sangre.

—Por esa lógica —dijo Orestes— si se hubiera dejado a Clitemnestra disfrutar para siempre de lo que robó, ¿no se habrían sentido las mujeres incentivadas a matar a sus maridos? ¿Y a qué habría llevado eso?

Si Atenea seguía la recomendación de su compañero, el joven dios Apolo y daba un veredicto a favor de Orestes, las furias la castigarían arruinando las cosechas de Atenas que ella tanto amaba y enviando plagas mortales a su gente. Las furias podían perseguir al vengador Orestes hasta la muerte y más allá, además ellas mismas entendían y creían en la venganza de todo corazón. Atenea escuchó todo esto, llamó a la gente de Atenas para juzgar el caso y luego dejó que las furias interrogaran a Orestes.

Orestes admitió con total libertad que había matado a su madre. Les recordó a sus oyentes por qué lo había hecho. Dijo que Apolo tenía una parte en ese acto, después de habérselo aconsejado, pero, a diferencia de Helena o Agamenón, no dijo que la culpa fuera toda de los dioses. Se adueñó de los hechos y puso su causa en manos de los dioses, para que se le perdonara o para que se le destruyera, según lo que ellos consideraran justo.

Apolo intervino en este momento con un argumento bastante cuestionable. Afirmó que los hombres eran los verdaderos padres y las mujeres eran simplemente recipientes que recibían a los niños, así que por supuesto una obligación con el padre cancelaba una obligación con la madre. Como prueba de ello, mencionó que Atenea había nacido de Zeus y sin madre.

Atenea se dirigió entonces a los atenienses y les pidió que dictaran una sentencia justa. Sus votos regresaron divididos en partes iguales. ¿Estaban divididos en cuanto a los derechos de madres y padres, o en cuanto a los méritos de la retribución y la misericordia, o en cuanto a si temían más a Apolo o a las furias? Las historias no nos cuentan eso. Atenea, entonces, decidió fijar el veredicto y juzgó a favor de Orestes.

Orestes se inclinó en gratitud y declaró la paz perpetua entre Argos y Atenas. Los atenienses lo oyeron con gusto, pero miraron con duda a las furias, que amenazaban con la perdición y la destrucción. Atenea, sin embargo, tenía sus propios argumentos para ofrecer. En primer lugar, el voto popular se había dividido, así que ¿cómo podían las furias considerar que los atenienses les habían perjudicado y castigarlos con plagas?

—Muy fácilmente —dijeron las furias—, nuestro honor y poder se habían anulado y pretendemos vengar ese hogar sin preocuparnos por proteger a los inocentes. —Pero hay otras formas de honor y de poder —instó Atenea—. Habéis soportado maldiciones y habéis sido temidas durante siglos. ¿No os gustaría tratar de ser amadas y respetadas, en lugar de vagar de un derramamiento de sangre a otro y fomentar la destrucción? ¿No os gustaría asentaros en Atenas, en una cueva adecuada y bendecir la tierra que os rodea en lugar de maldecir, para así recibir ofrendas e himnos de alabanza? Y, por supuesto, si alguien es declarado culpable de hacer el mal, os será entregado para su castigo.

Muchas de las furias escucharon las palabras de Atenea. Después vivieron en Atenas en honor y en paz; y en lugar de erinias, a las furias se las llamó *euménides*, las misericordias.

Sin embargo, las furias, al igual que los dioses, eran muchas y no todas tenían la misma opinión. Orestes, al volver a casa con su inocencia declarada por Atenea, todavía veía figuras oscuras y terribles que le perseguían. A veces su mente caía en la locura: gritaba a cosas que nadie más podía ver, golpeaba cegado y se caía echando espuma por la boca. Al refugiarse en otro de los santuarios de Apolo, volvió a preguntar si había alguna forma de que se liberara por completo.

El dios contestó que sí había, pero que el camino era peligroso. Había un santuario de Artemisa en el país bárbaro de los tauros y en ese santuario se encontraba una imagen de la diosa que cayó del cielo. Si Orestes podía llevarse esa imagen a Argos con él, él mismo y su tierra se verían liberados de la maldición que había recaído sobre todos los descendientes de Tántalo. La promesa era justa, pero el peligro era grande: pues los tauros tenían la costumbre de matar a los extranjeros que entraban en su país justo delante de la imagen que él iba a buscar.

Orestes aceptó ese viaje al igual que el primero. Partió hacia la tierra de los tauros. No fue solo. Con él iba su amigo Pílades, que fue el primero en quererlo cuando era un niño en el exilio. Algunas historias dicen que Pílades fue a Argos con Orestes y le ayudó en su venganza. Ciertamente, Pílades nunca se apartó de él en su sufrimiento, su culpa o durante los peligros que corría.

Se acercaron al santuario con sigilo, pero les vieron. Orestes y Pílades desenvainaron sus espadas e intentaron cortarles el paso o morir durante la lucha y no como sacrificios. Sin embargo, el número de los tauros era muy elevado y la lucha parecía inútil incluso antes de que las furias volvieran a capturar a Orestes y lo hicieran caer al suelo, llorando y jadeando. Entonces los tauros agarraron a los dos hombres y se los llevaron a la antecámara del templo, con guardias en la puerta y una joven consternada dentro que dijo que, por mucho que odiara el sacrificio humano, su tarea era consagrarlos a Artemisa y luego entregárselos a sus asesinos que se encontraban en el interior del templo.

Lloró por ellos, pero ellos se abstuvieron de llorar por sí mismos y también de decir sus nombres. Ella preguntó si al menos dirían de dónde venían. Cuando le respondieron que de Argos, les preguntó sobre el destino de la ciudad y específicamente sobre Agamenón, Clitemnestra y sus hijos. Orestes y Pílades se preguntaban la razón de su interés, su dolor por la muerte de la pareja de reyes, y la locura y los viajes de Orestes. Se preguntaban aún más, cuando dijo que creía que podía convencer a los tauros de que dejaran a uno de ellos volver a Argos para llevar un mensaje por ella, aunque no cabía ninguna posibilidad de que a ambos se les permitiera vivir. Estuvieron de acuerdo con eso de buena gana. Cada uno se ofreció a quedarse y morir, pero Orestes argumentó que él era el único cuya culpa y sufrimiento les había puesto en peligro en primer lugar, y, en cualquier caso, su vida era tanto una carga como una alegría para él. Pílades cedió a esto y tomó la carta; pero cuando advirtió del peligro de naufragios y accidentes, la joven sacerdotisa accedió a darle su mensaje también de forma verbal. La esencia del mensaje era bastante simple. Lo que dijo fue:

—Ifigenia le envía saludos a su hermano Orestes y le ruega que le saque del terrible lugar donde se encuentra prisionera.

—¿Ifigenia? —preguntó Orestes—. Pero si ella está muerta; Agamenón la mató, es por ello que Clitemnestra lo mató a él y Orestes mató a Clitemnestra...

Ifigenia insistió que ella no estaba muerta. Sí, creía que iba a morir, rogó por su vida y su padre endureció su corazón contra ella; pero justo antes de que el cuchillo tocara su garganta la habían raptado y dejaron un falso cuerpo para que sangrara y muriera, mientras que ella misma cayó entre los tauros, donde el sacrificio humano no era la extraña abominación que había sido en Argos, sino una práctica aceptada. Por eso, es necesario entregar este mensaje a Orestes...

Con eso, Pílades colocó la carta en la mano de Orestes y respondió que aquella carta ya estaba entregada. Ifigenia abrazó a su hermano con alegría y se quedó pensativa. Claramente tenía que encontrar una manera de sacar a ambos hombres con vida; pero si ambos escapaban mientras estaba a su cargo, los tauros la matarían.

—No —dijo Orestes—. Ya tengo mis manos manchadas de suficiente sangre de mujer. Te llevaré a un lugar seguro o moriré junto a ti.

Ifigenia ya había presenciado bastantes muertes y se le ocurrió un plan. Llamó a los asistentes del templo y anunció que los hombres que ellos le habían dado eran culpables de matricidio y por lo tanto ritualmente impuros, no aptos para ser ofrecidos como sacrificios hasta que tanto ellos como la santa estatua de Artemisa que habían profanado se lavaran en una bahía aislada del mar con sus propias manos, mientras ella pronunciaba ciertos ritos de purificación. Además, todos los demás debían mantenerse alejados del lugar de la purificación, para que no se vieran manchados por la culpa de los extraños o golpeados por la ira de la diosa que no quería verse espiada por gentes comunes.

Los asistentes al templo le creyeron; ataron a los forasteros y dejaron que Ifigenia los sacara fuera de la vista, con la imagen de Artemisa entre sus brazos y el extremo de la cuerda que ataba a los prisioneros en una mano. Al escuchar desde una distancia, oyeron lo que parecía ser el canto de invocaciones a la diosa. Y después escucharon silencio durante mucho tiempo. Al principio se contuvieron, pues temían las consecuencias con las que Ifigenia había amenazado, pero luego se les ocurrió que los matricidas extranjeros podrían haber logrado liberarse y asesinar a la sacerdotisa. Cuando bajaron a la orilla, encontraron a Ifigenia, Orestes y Pílades embarcados e intentando salir al mar, pero el viento estaba en contra y las olas devolvían el barco a la orilla y capturaron a los tres, para hacerlos prisioneros de nuevo. Incluso el propio rey bajó a la orilla para asegurarse de que su castigo fuera el adecuado.

Sin embargo, lo que vio fue a Atenea, en todo su esplendor de divinidad, pidiéndole que perdonara a los tres y los dejara ir en libertad. El rey obedeció, el viento cambió y los tres volvieron a casa, libres al fin de las furias y la maldición.

Notas:

He elegido usar las versiones más felices del final de esta historia. Sófocles termina su relato de Orestes con el asesinato de Clitemnestra. Esquilo cuenta la primera huida de Orestes de las furias y su juicio en Atenas; pero en su versión del cuento, Ifigenia está realmente muerta. He seguido el relato de Esquilo en la obra *Euménides* hasta el juicio de Atenas. Eurípides, en su obra *Orestes*, convierte a Orestes en un personaje bastante menos agradable. En su relato, Orestes, que está enfermo y medio loco de desesperación después de la matanza, y Electra, que le cuida con una sombría y desesperada cordura, son condenados a muerte por el pueblo de Argos. Después de exigir y no conseguir la ayuda de Menelao, deciden matar a Helena para castigar a Menelao y tomar a su hija como rehén para poder escapar con seguridad. Los dioses intervienen para preservar las vidas de todas las personas amenazadas. No he usado este cuento en mi relato anterior, pero el final de este capítulo está tomado de la obra de Eurípides, *Ifigenia en Táuride*. Allí se cuenta que algunas de las furias rechazaron el veredicto de Atenea y Apolo envió a Orestes a la búsqueda descrita con anterioridad.

Parte III. Edipo y sus hijos

Capítulo 10. Edipo y las profecías

Había una vez un joven llamado Edipo que creía que era el único y muy querido hijo de sus padres, el rey Pólibo y la reina Mérope de Corinto. Los amaba como ellos lo amaban a él. Cuando un joven borracho se burló de él, diciendo que no era el verdadero hijo del rey Pólibo, Edipo se puso furioso y se sintió herido. Seguramente interpretó la burla de la forma más obvia y pensó que el borracho estaba llamando adúltera a la reina Mérope y bastardo a él mismo. Les contó al rey y a la reina lo que había oído. Ellos expresaron su indignación, le dijeron que era una mentira y que no se preocupara. Pero algo en sus caras y en sus voces preocupaba a Edipo. Creía que había algo que le estaban ocultando.

Él no les presionó, tal vez no quería herir más sus sentimientos; tal vez simplemente estaba convencido de que no le dirían la verdad. En lugar de eso, emprendió un viaje solitario y secreto al oráculo de Apolo en Delfos, y allí preguntó por su familia.

Como hemos visto, el oráculo nunca mentía, pero a menudo era lo suficientemente enigmático como para ser una guía de conducta peligrosa. Así se demostró también en el caso de Edipo. El oráculo no le confirmó que era el hijo de Pólibo, ni tampoco le dio entender que no lo era. En cambio, le dijo que estaba condenado a un destino terrible: mataría a su padre, se casaría con su madre y tendría hijos por incesto, niños terribles de ver.

La profecía consternó a Edipo y él decidió escapar de ella a toda costa. Abandonó a Pólibo y a Mérope, dejó el reino que iba a ser suyo, dejó todo lo que amaba y decidió vivir en un exilio permanente en lugar de devolver el mal a los padres que le habían hecho tanto bien.

A pesar de estas nobles intenciones, o tal vez debido a ellas, el resentimiento ardía en él. Cuando llegó a un cruce de caminos no muy lejos de Delfos y se encontró con un carruaje rodeado de asistentes que venían en dirección contraria, no cedió el paso. El conductor del carro empujó a Edipo y Edipo le devolvió el empujón. Al ver esto, el anciano que iba en el carruaje le dio un gran golpe en la cabeza a Edipo con un aguijón. Edipo se puso furioso y devolvió el golpe con fuerza; el anciano cayó de espaldas de su asiento y murió. El conductor y sus acompañantes se lanzaron sobre Edipo y él contraatacó para evitar que lo mataran en venganza por la muerte del anciano. Estaba enfadado, era joven y fuerte, y tal vez la mano de los dioses estaba con él. Los mató a todos y siguió su camino.

Ese camino le llevó a la ciudad de Tebas, una orgullosa y próspera ciudad que estaba entonces sumida en un estado de dolor y miedo. Su rey llamado Layo acababa de morir y no tenía ningún hijo que heredara su reino. Y lo peor de todo, por lo que parecía entonces, era que estaban asediados por una esfinge devoradora de hombres a la que nadie había podido matar ni ahuyentar. La esfinge tenía cara de mujer, alas de gran pájaro, cuerpo y garras de león, pero era más grande y fuerte que cualquier león mortal. Su voz, al igual que su cara, era humana o muy similar. Esto le permitía jugar, como un gato, con sus víctimas. En lugar de matarlas de inmediato, las sostenía casi suavemente entre sus grandes patas y prometía dejarlas ir, si podían responder a su acertijo. Nadie había logrado dar la respuesta correcta. Puede que estuvieran algo distraídos por las manchas de sangre en su brillante pelaje y los huesos humanos esparcidos fuera de las puertas de la ciudad, los restos de otros que habían intentado y fallado en su respuesta. La esfinge no había entrado en la ciudad, pero vagaba fuera de sus puertas, rápida y silenciosa, de modo que nadie se atrevía a entrar o salir; la ciudad estaba en peligro de morir de hambre. Su regente, Creonte, el hermano de la reina viuda Yocasta, había prometido el trono de Tebas a cualquiera que pudiera liberar a la ciudad de la esfinge.

Edipo emprendió ese desafío. Se había entrenado para gobernar, pero había perdido el reino que debía ser suyo por su amor y miedo a sus padres, y ¿dónde más se le presentaría la oportunidad de gobernar a un solitario vagabundo? Además, temía menos morir que vivir para cumplir la terrible profecía.

Salió en busca de la esfinge, quien lo encontró y le recitó su acertijo. ¿Podría él decirle, preguntó ella, el nombre del animal que iba a cuatro patas por la mañana, a dos patas al mediodía y a tres por la tarde?

Edipo era de mente rápida y de cuerpo fuerte, o tal vez la mano de los dioses estaba con él de nuevo. Respondió que ese animal era el hombre, que se arrastra durante la infancia, camina en la flor de la vida y se apoya en un bastón en la vejez. Esa era la respuesta correcta al enigma. Las grandes garras de la esfinge brillaron, pero esta vez se volvieron, no sobre Edipo, sino para retraerse. Edipo la observó, hasta que el cuerpo de la esfinge se quedó manso en el polvo y Edipo regresó para decirle a la gente de Tebas que se habían salvado. Lo aclamaron, agradecieron a los dioses por él y se alegraron mucho al tomarlo como su rey. La reina viuda Yocasta, que aún era hermosa, aunque ya no era joven, le dio la bienvenida como su señor y esposo. También demostró ser aún fértil: le dio dos hijos, Polinices y Eteocles; y dos hijas, Antígona e Ismene. Los hijos crecieron fuertes y hermosos, la ciudad amaba a su señor y a Edipo le parecía que había superado su destino con su devoción, coraje y habilidad, al convertir la maldición en una bendición.

Pero cuando Polinices y Eteocles estaban a punto de convertirse en hombres, otro terror paralizó la ciudad, uno que no se podía destruir con la habilidad de la espada o la palabra. Las cosechas que crecían en el campo se vieron afectadas por el moho y dejaron de producir alimentos para los agricultores. Las mujeres embarazadas sufrieron abortos o dieron a luz a niños muertos. Entonces, la muerte comenzó a perseguir también a los vivos: hombres y mujeres sanos de la noche a la mañana desarrollaban fiebres altas y se consumían en un dolor incurable.

La ciudad se puso de luto. Se ofrecieron sacrificios en todos los altares de todos los dioses y se elevaron fervientes oraciones. El pueblo también envió una delegación a su rey y salvador para rogarle que los salvara de nuevo.

Edipo les dijo que haría todo lo posible, pero primero necesitaba saber la causa de todo esto y, para ello, envió a su cuñado Creonte en busca de la ayuda del oráculo de Apolo. Apolo le había dicho que la plaga de Tebas se podía curar y la maldición se podía levantar, si Tebas se purgaba de la culpa de sangre. Después de escuchar estas palabras, Creonte regresó y había luz en sus ojos y esperanza en su rostro.

—¿Qué culpa de sangre? —preguntó Edipo.

—La culpa del asesinato del antiguo rey Layo, que nunca se había vengado —contestó Creonte.

Edipo dijo con vehemencia que el regicidio era odioso para todos los dioses y que seguramente se debía castigar; además, añadió, el hombre que había matado a un rey podía matar a otro. Por lo tanto, en simple autopreservación, estaba obligado a buscar y castigar al asesino de reyes. Pero ¿por qué no lo había hecho nadie hace mucho tiempo? Creonte observó que se habían distraído, primero por el terror de la esfinge y luego por la alegría de su liberación.

Edipo convocó a todo el pueblo al palacio. Cuando se reunieron, echó horribles maldiciones contra el asesino de Layo y contra todo aquel que le ocultara el conocimiento de ese asesino, le diera cobijo o cualquier tipo de consuelo. Después, le preguntó a Creonte, si Apolo le había dicho algo sobre dónde buscar al asesino. Creonte respondió que el oráculo declaró que el asesino se encontraba dentro de la ciudad. Edipo preguntó entonces qué se sabía de la muerte de Layo: dónde había ocurrido y cómo. Le contestó que Layo había muerto en un viaje con pocos acompañantes, uno de ellos había escapado de los ladrones y había llevado la noticia a la ciudad.

Edipo señaló el hecho de que se trataba de unas pistas difíciles de seguir, pero aún había esperanza: además de enviar a Creonte al oráculo, también había mandado llamar al profeta Tiresias, que podría decirles dónde buscar.

Tiresias vino, era un anciano ciego que se apoyaba en su bastón. Pero cuando escuchó la voz y la pregunta de Edipo, se estremeció y dijo que no debería haber venido: ¿de qué servía saber, si el conocimiento no podía ayudar? No dijo nada. Edipo le recriminó por su cobardía y señaló que necesitaban desesperadamente su sabiduría. Tiresias respondió que hablar de su sabiduría solo podía hacerle daño a él y a quien le instó a responder, así que se iría a casa sin más explicaciones.

La madurez y los largos años de buena fortuna no habían calmado del todo el feroz temperamento de Edipo. Le acusó de ser un cobarde, un traidor, un desalmado y, finalmente, dijo que probablemente Tiresias había provocado la muerte de Layo, pero que como ciego no era capaz de dar un golpe mortal.

Tiresias, viejo y sabio que era, tenía su propio temperamento. Respondió que fue el mismo Edipo quien profanó la tierra y trajo la plaga.

Esta respuesta complació a Edipo incluso menos de lo que el silencio de Tiresias lo había hecho. Acusó a Tiresias de conspirar con Creonte para acabar con Edipo y devolverle el trono a Creonte, y amenazó con castigos imprecisos, pero terribles. Añadió más palabras burlonas sobre la ceguera de Tiresias. Tiresias respondió que Edipo tenía ojos, pero no podía verse ni a sí mismo ni nada con claridad. Dijo que la amenaza a Edipo y al reino no provenía de Creonte, sino del propio Edipo y que muy pronto el propio Edipo sería pobre y se quedaría ciego.

Edipo seguía hablando con desdén, pero tal vez la duda le llegó al corazón. Dejó que el viejo se fuera a casa ileso. Pero cuando Creonte se enteró de lo que se le acusaba, perdió los estribos, empezó a protestar por su inocencia y le habló de su lealtad. Terminó por decirle a Edipo que era un necio, que no era un buen gobernante y que la ciudad era tanto de Creonte como de Edipo. Estas palabras no sirvieron para disipar las dudas de Edipo. Los dos hombres se gritaban mutuamente y algunos temían que las palabras se convirtieran en golpes, cuando la reina Yocasta salió apresuradamente del palacio para ver por qué su marido y su hermano se peleaban.

Cuando se enteró de que la disputa había surgido de una profecía, les reprendió a ambos por ser unos necios. Las profecías, dijo, no tenían sentido. Su primer marido, Layo, había oído una profecía que le aterrorizaba y no había llegado a nada. La profecía decía que su propio hijo lo mataría. No se atrevió a levantarse de su cama por temor a este destino y cuando nació su hijo, tomó al niño, le perforó los tobillos, los ató con un cordón de cuero y lo entregó a un pastor que recibió instrucciones de dejarlo en algún lugar salvaje y desolado, donde el niño moriría de hambre o de frío o donde se lo comieran las bestias salvajes y no volvería a hacerle daño a su padre. La profecía no se cumplió; nadie, como es natural, volvió a oír nada sobre este niño. Layo vivió hasta la vejez y fue asesinado por desconocidos en un lugar donde se cruzaban los tres caminos.

Edipo se asustó por eso y Yocasta lo miró con perplejidad.

—¿Un lugar donde se cruzan los tres caminos? —preguntó—. ¿Estás segura de eso? ¿Dónde está ese lugar?

—Está cerca de Delfos —dijo.

El rostro de Edipo se volvió más pálido.

—¿Cuándo? —preguntó—. ¿Cuándo ocurrió esto?

—No mucho antes de que tú vinieras a salvarnos de la esfinge —dijo Yocasta.

—¿Cómo se sabe dónde ha sucedido esto? —volvió a preguntar Edipo.

—El sirviente que sobrevivió al ataque nos lo contó todo —dijo ella.

El sirviente era un hombre de confianza, aunque ya no era un sirviente; a principios del reinado de Edipo le había pedido permiso para abandonar la ciudad y convertirse en un pastor en una zona remota y ella se lo concedió.

Edipo, tenso y sudoroso, instó a que se llamara al hombre sin demora, y le contó a Yocasta —y a la gente que le escuchaba— lo del anciano del carro al que había matado en una disputa por el derecho de paso. Yocasta sacudió la cabeza.

—No, no pudo haber sido el mismo hombre —dijo ella—. El criado dijo que a Layo lo mataron unos desconocidos, en plural.

Mientras esperaban el regreso del sirviente, otro mensajero, cansado y manchado por el viaje, se apresuró a ir al palacio y buscó audiencia con el rey. Dijo que traía noticias urgentes desde Corinto: el rey Pólibo había muerto y la reina viuda Mérope suplicaba a su querido hijo que volviera a casa y reinara.

Edipo lloró por la muerte de Pólibo, pero también dijo que al menos se alegraba de haber escapado de la profecía que decía que mataría a su padre. Aun así, mientras Mérope viviera, existiría el peligro de que esa otra profecía vergonzosa se hiciera realidad.

—¿Qué otra profecía? —preguntó el mensajero.

Edipo lo explicó. Se ofendió al principio cuando el mensajero se rió. El mensajero preguntó si realmente Edipo se había exiliado de su casa todos estos años por miedo a eso. Había sido bastante innecesario, ya que Edipo no era pariente de sangre ni de Pólibo ni de Mérope. El propio mensajero había recibido el niño, que más tarde se llamó Edipo, en confianza de otro sirviente y lo había llevado a la pareja real sin hijos, que se compadeció de él por su abandono y sus pies heridos y que juró criarlo como su propio hijo.

—¿Quién era el otro sirviente? —preguntó Edipo.

El mensajero lo describió y alguien del grupo de observadores dijo que se parecía al mismo hombre que había dado a conocer la muerte de Layo.

Yocasta interrumpió y le dijo a Edipo que no preguntara más; sus palabras eran tranquilas pero su mirada era salvaje y su voz, inestable.

Edipo pensó que ella tenía miedo de que él fuera de baja cuna y que se avergonzara por ser su esposa. Le reprochó su orgullo quisquilloso. Ella siseó que él no entendía nada y esperaba que nunca lo hiciera y entró corriendo a la casa.

El mensajero, tal vez con la intención de tranquilizar, dijo que no había ninguna necesidad de buscar al sirviente que le había traído al niño, pues el hombre se encontraba allí ahora. Era el pastor que se dirigía hacia ellos, guiado por uno de los sirvientes del rey. El mensajero sonrió, pero el pastor se mostró cauteloso y cuando el mensajero empezó a preguntarle sobre el niño abandonado, el pastor le gritó para que se callara.

Edipo estaba enfadado ahora con la fría ira del miedo. Le dijo al pastor que quería saber toda la verdad. Cuando el pastor trató de negarse, Edipo amenazó con torturarlo; cuando suplicó por su vejez, Edipo llamó a los sirvientes para que le retorcieran los brazos a la espalda y lo mantuvieran firme en caso de que se requirieran medios de persuasión más contundentes.

El pastor habló entonces, con amargura, pero con verdad. Le contó a Edipo que obtuvo el niño de las propias manos de Yocasta y se le dieron las órdenes de dejarlo morir, en lugar de vivir para no poner en peligro a su padre. Pero el pastor se compadeció del niño y pensó que lo mejor era llevarlo lejos y dejarlo con gente amable y trabajadora, donde tendría su oportunidad de vivir, pero nunca traería peligro a la casa de su padre. Y la persona trabajadora que seleccionó fue el mensajero que, según acababa de saber, había llevado al niño a Pólibo y a Mérope para que se hicieran cargo de él.

Edipo miró al anciano con horror y finalmente lo entendió todo.

—Todas las cosas se hicieron realidad —dijo entristecido—. Me casé con la mujer con la que no debería haberme casado. Maté al hombre que no debería haber matado.

Corrió al palacio entonces para enfrentarse a Yocasta, a su madre y a su esposa, con sus nuevos conocimientos.

La encontró muerta. Ella había comprendido la verdad antes que él y se había ahorcado. Él se la quedó mirando fijamente y antes de que los sirvientes pudieran contenerlo, se cegó. Cuando salió a trompicones, su gente se estremeció al verlo. Les rogó que cuidaran de sus hijos y, en cuanto a él, que lo mataran o lo expulsaran de la ciudad. Al igual que Orestes, sintió que la maldición se le acercaba, pero aun así esperaba eliminarla de su tierra natal. Pero Creonte, lo condujo de vuelta al palacio y Edipo seguía llorando amargamente por sus padres, sus hijos y por él mismo.

Eso pasó cuando el dolor y la culpa de Edipo estaban recientes. Pero mientras permanecía en el palacio donde gobernaba Creonte y la plaga disminuyó, Edipo se consoló pensando que ninguna de sus acciones era realmente su culpa. El dios las había predicho todas y, sin duda, no había tenido oportunidad de escapar a su destino; además, no sabía que el hombre al que estaba matando era su padre ni que la mujer con la que se estaba casando era su madre. Empezó a pensar que todavía se merecía espacio, honor y gratitud en Tebas.

Creonte, al ver esto, decidió que Edipo ya no era un objeto de lección útil para mostrar la incapacidad de sus hijos para gobernar; y Creonte ordenó que el ciego fuera expulsado de la ciudad. Los hijos de Edipo no protestaron, pues temían que se les desterrara con él. Los antiguos súbditos de Edipo podrían compadecerse de él, pero ninguno estaba dispuesto a compartir su exilio o su maldición. Habría tropezado en lugares extraños, ciego y solo, hasta morir de hambre, si sus hijas no hubieran venido en su ayuda. Antígona, la mayor, acaba de llegar a la edad en que podría llamarse mujer y no niña. Ella dejó Tebas con él, lo guió, lo apoyó, suplicó por él, lo alimentó y lo cuidó. Ismene, la más joven, fue a Delfos por orden de su padre para preguntar a Apolo si había alguna manera de encontrar misericordia. La respuesta del dios fue enigmática y extraña, pero le dio a Edipo algo de esperanza. Ismene regresó a Tebas, para rezar por su padre y su hermana, atender a cualquier novedad que pudiera hacer posible su regreso a casa y enviarles la noticia de lo que había escuchado.

Edipo y Antígona vagaron durante mucho tiempo, pidiendo poco y generalmente obteniendo menos. Algunos despreciaban su pobreza y su ceguera, otros sostenían que todo hombre desafortunado se debía maldecir y que la maldición podía afectar a todo aquel que fuera lo suficientemente estúpido como para ofrecer ayuda. Pero otros recordaban que se decía que Zeus protegía a los suplicantes que pedían ayuda en su nombre; y entre una cosa y otra, Antígona era capaz de obtener suficiente comida para mantenerlos a ambos con vida. Aun así, tras años de deambular, nadie la habría tomado por una mujer noble en edad de casarse, o visto en él al fuerte héroe de Tebas. Sus cuerpos eran delgados y duros, sus ropas harapientas y sus rostros desgastados.

Así que la cosa se puso en marcha cuando se acercaron a Atenas, entonces Edipo empezó a creer que este era el lugar donde Apolo había sugerido que finalmente podría encontrar descanso. Edipo estaba exhausto antes de llegar a las puertas de la ciudad; Antígona lo sentó en una conveniente roca junto al camino y comenzó a preguntar si alguien acogería a un mendigo ciego. Pero antes de que se le pasara la voz, un transeúnte llamó a Edipo para decirle que se encontraba sentado en un lugar peligroso y sagrado, y que debía salir de allí de inmediato. Edipo tenía otras ideas: si estaba en tierra santa, dijo, era claramente un mendigo bajo la protección de los dioses de ese lugar. ¿De qué dioses se trataba? El forastero le dijo que se trataba de las euménides, las misericordias, aunque en otros lugares podrían tener otros nombres. Tal vez Edipo había oído el cuento de Orestes; en todo caso parece que sabía algo de las furias y de la imprudencia de hablar de ellas con ese nombre. Dijo que el oráculo de Apolo le había dicho que buscara a esas diosas y le prometió que encontraría protección en su santuario.

El desconocido se apresuró a volver a la ciudad con noticias de Edipo y los ancianos de Colono, el asentamiento más cercano al santuario, salieron a su encuentro. Fueron más firmes que el desconocido en decirle que se retirara de la tierra sagrada de una vez, pero le prometieron que no lo expulsarían de sus puertas. Así que Edipo salió y se sentó en un lugar que no estaba marcado por dios, y los ancianos le pidieron educadamente, pero con firmeza que explicara quién era y de dónde había venido. Trató de negarse a contestar y con motivo; cuando insistieron y él respondió, le dijeron que se fuera inmediatamente y que se llevara su maldición con él.

Antígona les suplicó, por el bien de ella, de él y por el amor de los dioses. Los ancianos trataron de argumentar que el amor de los dioses les impulsaba a expulsar a los pecadores conocidos, pero tanto Antígona como Edipo respondieron firmemente que los dioses ordenaban la protección de los mendigos y les pidieron a los ancianos que llamaran a Teseo, el rey de Atenas, para que juzgara su caso. Los ancianos expresaron sus dudas, pero luego aceptaron enviarle un mensajero a Teseo.

Mientras lo esperaban, alguien más llegó sin ser vista: Ismene, la hermana menor de Antígona, manchada por el viaje y en un caballo sudoroso. Lloró al verlos y dijo que le había sido muy difícil seguirles la pista. Edipo le preguntó por qué sus hermanos no la habían ayudado. Ismene dijo tristemente que estaban más preocupados por sus propios asuntos. Polinices y Eteocles ya eran hombres, no niños, y cada uno había decidido que tenía el derecho y la necesidad de gobernar Tebas, como lo había hecho su padre. Eteocles estaba dispuesto a aliarse con Creonte; los dos juntos habían prevalecido y expulsado a Polinices de la ciudad. Sin embargo, Polinices no había perdido el tiempo con lamentos; se dirigió a Argos, se casó con la hija del cacique de Argos y luego animó a los jóvenes de la ciudad para atacar Tebas con él al mando. La guerra comenzaba e Ismene no sabía qué rumbo podía tomar la compasión de los dioses.

—¿Qué compasión? —preguntó Edipo.

Ismene dijo que Apolo había hablado de nuevo y dijo que Edipo en su indefensa vejez conferiría seguridad, éxito y victoria en la guerra a aquellos que lo acogerían. Estas palabras no habían llegado a Ismene en privado; toda Tebas las conocía y ella creía que una delegación ya estaba de camino para traerlo de vuelta.

—¿Me llevarán a casa? —preguntó Edipo—. ¿Me enterrarán en mi tierra natal?

Bueno, no, eso no, dijo ella; querían mantenerlo en algún lugar fuera de la ciudad, ya que todavía era un exiliado y un hombre deshonrado, pero querían tenerlo lo suficientemente cerca como para mantenerlos a salvo y bendecirlos si el segundo oráculo demostraba decir la verdad. Además, también querían hacerlo para evitar la maldición que se decía que la muerte de Edipo traería a Tebas, si él moría lejos de su tierra natal.

La ira de Edipo no se había consumido en sus largos años de vagancia. Dijo que esperaba que la maldición golpeara a sus dos hijos que no le habían ayudado o compadecido en su sufrimiento.

Los ancianos de Colono habían escuchado la historia de Ismene y comenzaron a mirar más favorablemente a su huésped. Enviaron a Ismene a hacer ofrendas a las euménides para expiar la invasión involuntaria de su padre, mientras Antígona y Edipo esperaban a Teseo.

Teseo llegó enseguida y habló con amabilidad. Él también, le dijo a Edipo, había sido un extraño sin hogar; y mientras que ahora era un rey, todavía era un mortal y sabía que tampoco podía contar con el mañana; por lo tanto, deseaba ser amable con otros exiliados mortales. Edipo le dio las gracias y le pidió a Teseo que le dejara quedarse y descansar en Colono hasta que muriera, que lo enterrara allí y también que impidiera que cualquier tebano se lo llevara en contra de su voluntad. Teseo accedió a todo esto y se dirigió a Atenas para traer una guardia de hombres fuertes para ayudar con la última parte de su petición.

Pero los otros hombres armados llegaron antes de que la guardia ateniense pudiera regresar. Creonte estaba al mando de ellos. Les habló en voz baja y decía que se compadecía de la miseria de Edipo y de la soltería y la vulnerabilidad de Antígona ante los hombres depredadores, y les prometió llevárselos con él. Edipo dijo que a Creonte no le habían importado sus sufrimientos ni sus peligros cuando lo exilió y le contó a Creonte todo el mensaje de Ismene. Al estar ciego, no veía que algunos de los guardias de Creonte se alejaban de su lado ante esas palabras. Edipo se negó rotundamente a que le llevaran de vuelta a Tebas. Creonte le regañó y, cuando eso falló, le dijo que no le estaba ofreciendo a Edipo ninguna elección. Edipo observó que no era prudente llevarse a la fuerza a un anciano bajo la protección del cielo. Creonte dijo que eso no sería necesario. Sus guardias ya habían capturado a Ismene y capturarían inmediatamente a Antígona también y Edipo podría vagar sin guía ni apoyo y morir solo... o podría venir con Creonte como un buen viejo mendigo.

Los ancianos trataron de intervenir entonces, pero los hombres de Creonte eran jóvenes, estaban bien armados y se llevaron a Antígona mientras ella luchaba por escapar y pedía ayuda. Pero Creonte cometió el error de quedarse un poco atrás para regodearse, lo que permitió a los ancianos obstaculizar su marcha hasta que Teseo regresara.

Teseo se enfureció cuando se enteró de las acciones de Creonte. Creonte trató de explicar que solo intentaba alejar a un desgraciado y proteger a los virtuosos atenienses de un portador de maldiciones, pero Teseo no estaba impresionado. Envió a sus soldados al galope tras Ismene y Antígona y los siguió más despacio con Creonte y un guardia armado, dejando a Edipo y a los viejos —que eran sus nuevos anfitriones— en Colono.

Teseo y los soldados regresaron con las muchachas ilesas y también con un visitante mucho menos agradable para Edipo: su hijo Polinices, el mayor, el exiliado, a quien habían encontrado arrodillado en el templo de Poseidón, pidiendo en nombre del dios una audiencia con su padre. Polinices, al igual que Creonte, habló de su compasión por su padre, sus hermanas, de la tristeza de su propio exilio y de las injusticias que sufría. Instó a que, si Edipo viniera con él, seguramente se vengaría con éxito de Creonte y los tebanos.

Edipo apartó la cara y no respondió hasta que Polinices, Antígona y sus anfitriones le instaron a dar una respuesta al hijo que ahora suplicaba como él mismo había suplicado no hace mucho tiempo, y a tener piedad de un hijo que podría parecer poco sincero. Impulsado así, Edipo dio una respuesta peor de lo que lo hubiera sido el silencio. Dijo con amargura que Polinices, al igual que Creonte, no tenía ningún sentido de la justicia ni de la misericordia, sino solo de interés propio. Dijo que primero había abandonado a su padre y luego trató de usarlo. Edipo maldijo a Polinices en su cara, deseándole una muerte vergonzosa tanto a él como a Eteocles.

Polinices pudo haber sido tan egoísta como Creonte, pero fue algo menos arrogante. Tomó la palabra de su padre como definitiva y como una señal de su perdición. Al volverse, le pidió a Antígona que se encargara de que lo enterraran honorablemente después de que la maldición de su padre lo matara. Antígona lloró y le dijo que evitaría el entierro al cancelar la guerra contra su propio hermano y su propia gente. Pero Polinices se negó y dijo que, si lo hacía, le llamarían cobarde. Antígona dijo que no lo harían si supieran de la maldición. Polinicles le dijo que no iban a oír hablar de ello y se marchó.

A medida que avanzaba, el cielo se oscurecía y los truenos se extendían por encima de la cabeza. Edipo sintió que su muerte se le acercaba. Abrazó a sus hijas por última vez y las bendijo. Entonces le pidió a Teseo que se lo llevara y lo enterrara en un lugar secreto que los dioses revelaran; mientras su tumba se mantenía en secreto, dijo, la protección de los dioses se quedaría en Atenas, por su bien.

Teseo fue con él y regresó serio, lleno de inquietudes. Dijo que Edipo, aunque ciego, lo había llevado infaliblemente a un lugar que realmente era sagrado, y que había muerto allí, de forma repentina y sin dolor. Se le enterró en tierra sagrada y la ciudad lloró por él. Y sus hijas, por supuesto, recibirían la bienvenida y todo tipo de cuidados.

Antígona dejó de llorar lo suficiente como para agradecerle y rechazar un lugar de descanso. Tenía trabajo que hacer, dijo; tenía que volver a Tebas y hacer todo lo posible para evitar que sus hermanos se mataran entre ellos. Se fue sin dejar de llorar e Ismene la siguió. Pero los ancianos de Colono alabaron a los dioses que habían llevado a Edipo hasta ellos y los bendijeron por su causa.

Notas:

Esta historia está tomada casi en su totalidad de las obras de Sófocles *Edipo rey* y *Edipo en Colono*. El enigma de la esfinge se menciona allí, pero en realidad se especifica en otras fuentes. Lo conseguí del libro de Hamilton.

Capítulo 11. Los hijos de Edipo

Antígona e Ismene llegaron a Tebas a tiempo para suplicar a Eteocles que hiciera las paces con su hermano, pero no pudieron influir en su mente ni detener la guerra. Poco después de su llegada, un ejército llegó de Argos, con Polinices a la cabeza y acampó alrededor de las murallas de la ciudad. Los vigilantes de las murallas miraron con temor al ejército que estaba acampando y la gente de dentro oyó los gritos de los hombres, los golpes de los cascos de los caballos y se estremeció. Aunque las murallas de su ciudad eran fuertes, el ejército que traían contra ellos era muy grande y los siete capitanes que dirigían los bandos enfrente de cada una de las siete puertas de Tebas eran hombres orgullosos que temían poco y amenazaban mucho. Los centinelas informaron que cinco de los siete habían jurado que tomarían la ciudad a pesar de todo lo que podían hacer sus defensores humanos o los dioses. Al oír esto, las mujeres de la ciudad se lamentaron, pues temían que los hombres que no temían a los dioses fueran totalmente despiadados, si tomaban la ciudad.

Eteocles les gritó a las mujeres que se callaran y dejaran de desanimar a sus hombres y les insistió en que las jactancias de los invasores se volverían contra ellas; que los dioses se ofenderían por esas palabras precipitadas y se vengarían. Eligió como oponentes a unos hombres conocidos por su habilidad en la lucha, pero también por su piedad y discreción.

Pero, según los centinelas, su hermano Polinices no había hecho semejantes fanfarronadas impías. Polinices llevaba el artefacto de la justicia en su escudo y juró que venía como alguien maltratado y expulsado injustamente de su casa y de su herencia, confiando en que el cielo le devolvería sus derechos y vengaría sus errores.

Eteocles le miró de forma extraña mientras decía esto y luego miró detrás de él y vio algo terrible que ninguno podía ver. Habló distraídamente de la maldición de su padre que volvía a surgir y de las furias que le pedían a gritos que atacara a su hermano. Juró que guiaría a los defensores a la puerta que Polinices atacó y, además, que mataría a su hermano con sus propias manos.

Estas palabras y su mirada consternaron a todos los presentes. Las mujeres a las que había estado reprochando le dijeron que era impío y antinatural que un hermano atacara a otro. Les pidió que se fueran a casa, que se callaran y que recordaran que no eran aptas para dar consejos sobre los asuntos de los hombres. Y en cuanto a los dioses... ¡Mirad lo que los dioses habían traído a su padre Edipo! Seguramente los dioses no deseaban nada más que la destrucción de los mortales. Seguramente las diosas, cuya música enloquecedora llenaba su mente, lo impulsaron al fratricidio y quizás a su propia muerte también sin que nadie lo detuviera.

En medio de la noche, el ejército de Argos atacó los muros llevando antorchas y escaleras de mano; así se lanzaron con fuerza hacia todas las puertas. Muchos murieron en ambos lados; uno de los muertos fue el hijo favorito de Creonte, Meneceo, que era demasiado joven para luchar con habilidad, pero demasiado mayor y demasiado orgulloso para permanecer a salvo detrás de los muros. Uno de los capitanes de Argos (que había presumido de que tomaría la ciudad a pesar de que el propio Zeus escaló la muralla) estaba a punto de abrir las puertas desde dentro cuando Zeus lo derribó con un rayo. Al resto de los capitanes de Argos los mataron los defensores. Polinices y Eteocles se buscaron entre la oscuridad, el fuego, los gritos de los caballos y hombres locos por el dolor o la batalla. Se encontraron en ese caos y se dieron muerte el uno al otro.

Con la primera luz del amanecer, los tebanos agradecieron a los dioses por salvar su ciudad y lloraron a sus muertos. Entonces Creonte, que ahora era el único e indiscutible rey de Tebas, dio su mandato sobre los muertos: Eteocles, que había caído defendiendo su ciudad, debería recibir un espléndido funeral, y todos los muertos que lucharon con él se deben enterrar con gran honor. Pero a Polinices y a los invasores se les debía dejar fuera de los muros para que se los comieran los pájaros y los perros salvajes. Nadie debía llorar por ellos; nadie debía enterrarlos; cualquiera que desobedeciera podía esperar la muerte por lapidación. La gente murmuraba entre sí incómodamente, pero nadie se atrevió a oponerse abiertamente a Creonte. Los que se acercaron lo suficiente para oírlo coincidieron nerviosamente en que la lealtad a la propia ciudad era algo grande y hablaron con honestidad y libertad de su dolor por la muerte de Eteocles. Creonte, satisfecho, puso guardias para vigilar los cuerpos de los atacantes y volvió a su palacio.

Pero una de las súbditas de Creonte estaba decidida a desobedecer esta orden: Antígona, que había amado mucho a sus dos hermanos y que recordaba el ruego de Polinices de darle un entierro honorable mientras se alejaba, destrozado, de la maldición de su padre. Le dijo a su hermana Ismene que quería enterrar a su hermano, por su amor a él y también por amor a los dioses que ordenaban un entierro honorable para todos los muertos. Le preguntó si Ismene le ayudaría.

—Eso es una locura —dijo Ismene.

También ella amaba a Polinices, pero dos mujeres solas no tenían ninguna posibilidad de alejar su cuerpo de un grupo de hombres con espadas y enterrarlo, incluso al margen del hecho de que si lo hacían y alguien las atrapaba serían lapidadas hasta la muerte. Eran mujeres, mujeres débiles y tuvieron que ceder a la fuerza; seguramente los dioses lo entenderían.

Antígona miró a su hermana con desprecio. Entonces le dijo que se mantuviera a salvo; que le dejara el peligro y el trabajo a ella; le dijo que temía a los dioses más de lo que temía a los hombres y que amaba a los muertos más de lo que amaba a los vivos, ya que casi todos los que amaba habían muerto.

Ismene le rogó que cediera, dijo que el intento sería inútil; pero cuando vio que su hermana no quería escuchar, prometió al menos que guardaría su secreto.

A la mañana siguiente, Creonte recibió la visita de un guardia muy asustado que dijo que traía malas noticias pero que no era su culpa, en realidad no lo era, no lo había hecho y no podía saberlo y...

—Dilo ya —dijo Creonte— y deja de poner excusas.

El hombre se obligó a contarlo. Dijo que había estado con los hombres que custodiaban el cuerpo de Polinices y que lo habían observado mientras había luz y que, si alguien hubiera traído un carro, lo habrían oído en la oscuridad, seguramente, pero no había habido ningún carro porque no habían oído nada y, de todos modos, no había ningún indicio de paso de ruedas... Al ver el rostro impaciente de Creonte, se apresuró a contarlo. La primera luz del día, dijo, había revelado una gruesa capa de polvo sobre el cuerpo de Polinices. Quienquiera que lo había hecho no había tenido ni tiempo ni fuerzas para cavar un hoyo, pero por motivos rituales el hombre estaba enterrado y los perros no parecían haber estado cerca de él.

Creonte se puso furioso, acusó al hombre de haber permitido que el entierro siguiera adelante a cambio de un soborno y lo envió de vuelta para que desenterrara el cadáver y averiguara quién había incumplido la orden, a menos que quisiera que lo mataran y lo torturaran antes de lapidarlo, para mostrarle la imprudencia de aceptar sobornos.

El hombre huyó, mientras juraba (en voz baja) que se marcharía de inmediato a un lugar donde Creonte no pudiera encontrarlo. Pero a primera hora de la tarde volvió; respiraba aliviado y sostenía a una mujer por el brazo. La mujer que sostenía era Antígona. Dijo que no había ninguna duda de que ella lo había enterrado. Él había destapado el cadáver tal y como se le había ordenado, pero entonces una tormenta de polvo había estallado, por lo que tuvo que agacharse y cerrar los ojos; aun así, pudo oír a una mujer lamentándose; y cuando el polvo se asentó, el cuerpo de Polinices volvió a cubrirse de polvo (más de lo que la tormenta lo habría justificado) y vio a Antígona mientras estaba derramando ofrendas de bebida para el alma de su hermano.

Antígona reconoció los hechos y dijo que no temía el castigo. Cuando Creonte le reprochó que había incumplido la ley, ella dijo que solo cumplía las leyes inmutables de los dioses y no las órdenes cambiantes de Creonte. Él le dijo que los hombres buenos y los malos no debían ser tratados por igual, y ella preguntó cómo podía un mortal estar seguro de cómo veían los dioses el bien y el mal. Él le dijo que su primer deber era odiar a los enemigos de su país y ella le contestó que su naturaleza no era odiar, sino solo amar. Entonces Creonte dijo que ella no se merecía una mejor compañía que la de los muertos y que podía amarlos si lo deseaba; no iba a permitir que una mujer se burlara de su autoridad. En su presencia, la multitud le susurraba a Antígona que era demasiado orgullosa. Ella ignoró estos susurros. Sin embargo, le respondió a Creonte cuando él dijo que su hermana tuvo que ver en esto también; pues insistió en la inocencia de Ismene.

Creonte no estaba convencido. Aquella mañana se había oído a Ismene balbucear cosas extrañas y llorar. Parecía estar loca y seguramente eso era un signo de culpa secreta. Cuando trajeron a Ismene, él dijo que se la debía declarar culpable como a su hermana; pero Antígona, que estaba inconfundiblemente sana, insistió en que no era así, que Ismene no había hecho nada por lo que pudiera ser condenada y, en esto, al menos, Antígona logró triunfar.

Antes de que la sentencia de Creonte se llevara a cabo, su hijo Hemón acudió ante él con urgencia. Hemón se había comprometido a casarse con Antígona. Creonte le explicó que se salvaba de casarse con una mujer desleal y malvada, y que debía dejarse gobernar por la sabiduría de su padre en vez de por sus propias lujurias. Hemón habló con mucha humildad, alabando la sabiduría de su padre, pero sugiriendo que en este caso en particular su padre estaba equivocado.

En presencia de Creonte, dijo Hemón, el pueblo condenaba el orgullo de Antígona, pero en su ausencia alababan su valor y condenaban el tratamiento impío de Creonte hacia los muertos.

Creonte se enfadó y le dijo a Hemón que era un necio que quería someter el asunto a la voluntad de los plebeyos, en lugar de confiar en la voluntad de un rey. Hemón dijo que una política de gobierno en solitario sin consultar los deseos del pueblo podría convenir a un gobernante solitario de un desierto, pero que no era apropiado para un gobernante de hombres. Cuando Creonte anunció que su sentencia se cumpliría inmediatamente y que Hemón observaría y aprendería lo que era bueno, Hemón huyó llorando.

Los soldados de Creonte llevaron a Antígona a un lugar salvaje y la amurallaron en una cueva para que muriera o bien de forma rápida: por su propia mano, o bien poco a poco: de hambre. La gente la vio irse y se lamentó por la maldición de su casa. Antes de que tuvieran tiempo de dispersarse, o de que Creonte fuera tras su hijo, otro mensajero llegó a la plaza: el profeta Tiresias, cansado y angustiado. Dijo que los dioses no aceptaban los sacrificios habituales y que los pájaros que habitualmente le traían la palabra de la voluntad de los dioses estaban ahora salvajes, sin noticias, pero se atacaban entre sí y gritaban con voces casi humanas. Afirmó que sabía por qué sucedía eso: habían comido la carne de los muertos no enterrados y esa comida maldita los había vuelto locos; y los dioses, que odiaban la profanación de los muertos y el castigo a los vivos que socorrían a los muertos, le habían dado la espalda a la ciudad.

Creonte, al igual que Edipo antes que él, despreció al profeta y lo acusó de aceptar sobornos. Tiresias le dijo que cuando el querido hijo de Creonte yaciera muerto como resultado de sus actos y cuando los hijos de los muertos insepultos levantaran otro ejército más grande contra Tebas, Creonte vería que sus palabras habían sido ciertas. Entonces se dio la vuelta y se marchó.

Creonte tal vez recordó el momento en el que Tiresias se alejó de Edipo; o tal vez pensó de nuevo en la angustia de Hemón. En cualquier caso, pidió consejo a los ancianos de la ciudad, sin tener en cuenta su anterior reprimenda a Hemón. Los ancianos no tardaron en dar el siguiente consejo: «Hay que enterrar a Polinices y liberar a Antígona». Esta vez Creonte hizo caso.

Creonte y sus soldados quemaron con respeto lo que quedaba del cuerpo de Polinices y enterraron las cenizas con las ceremonias adecuadas. Después, fueron a la cueva donde los guardias habían encarcelado a Antígona. Encontraron algunas piedras apartadas de la entrada y se preguntaron si ya estaba libre. Sin embargo, cuando llegaron a la apertura, hallaron a Antígona muerta, ahorcada y a Hemón llorando de pie junto a su cuerpo. Cuando vio a su padre, Hemón sacó su espada y se abalanzó sobre él; Creonte retrocedió y los soldados se movilizaron para atrapar a Hemón. Entonces Hemón se echó hacia atrás, giró su espada sobre sí mismo y se la clavó. Cuando la madre de Hemón se enteró de esto, pronunció palabras amargas contra su marido Creonte y se suicidó.

Creonte regresó a su gente con el cuerpo de su hijo entre sus brazos. Les dijo que había hecho el mal, que sabía que lo había hecho y que la culpa era suya, no de las mujeres o de los dioses o... Sacudió la cabeza, pues ya no había nada más que decir. Sus sirvientes se lo llevaron llorando a su palacio.

Pero incluso este terrible giro no ablandó totalmente su corazón. Los muertos de Argos quedaron sin enterrar. Sus madres enviaron un mensaje a Creonte y le pidieron el derecho de enterrarlos, pero él se negó. Entonces fueron a Teseo en Atenas y le rogaron que arreglara el mal y trajera los cuerpos a casa. Al principio se negó, dijo que el ataque contra Tebas había sido malvado, estúpido y que los que participaron en él se habían castigado a sí mismos. Pero la madre de Teseo habló y le pidió que lo reconsiderara. Los atacantes podrían haber merecido la muerte por su locura, pero no merecían quedarse sin enterrar; las ciudades-estado de Grecia diferían en muchos puntos, pero todas entendían las leyes de los dioses que protegían a los indefensos y, ¿quién estaba más indefenso que los muertos? Además, dijo, ella era vieja al igual que las mujeres que habían venido a suplicarle a Teseo, y amaba a su hijo como ellas habían amado a los suyos.

Teseo dijo que solo un necio se negaría a escuchar a las mujeres y que solo un desagradecido se negaría a escuchar a su madre. Aceptó someter el asunto a la votación de los ciudadanos y se mostró partidario de intervenir. El pueblo estuvo de acuerdo con él. Primero, le pidió a Creonte de una manera cortés, que devolviera los cuerpos. Luego, dejó claro que la negativa provocaría una guerra. Creonte dijo que no temía a los hombres de una ciudad gobernada por la plebe.

En esto fue imprudente; pues el ataque ateniense tuvo éxito, dispersaron al ejército de Tebas y forzaron a abrir las puertas de la ciudad. Las mujeres, los niños y los ancianos huyeron a los templos de los dioses, pero dudaron de que algún santuario los protegiera de los vencedores.

Pero Teseo detuvo a su ejército en las puertas de la ciudad. Habían venido por los muertos, dijo, y se llevarían a los muertos, y eso era todo lo que se llevarían. Los dioses los habían favorecido mientras luchaban por una causa justa y no iban a ofender a los dioses al maltratar a los inocentes de Tebas.

Los restos de los soldados de Argos que murieron en la batalla se enterraron con honor y los debidos sacrificios no muy lejos del campo de batalla. El mismo Teseo ayudó a prepararlos para el entierro. Los restos de los líderes los llevó a Atenas, aunque se encargó de quemarlos antes de que sus afligidas madres pudieran verlos y de entregar a las mujeres solo unas discretas urnas llenas de cenizas para llorar y enterrar. Pero la esposa de un hombre oyó hablar de su plan y saltó al fuego para unirse a su marido en el reino de Hades.

Los atenienses se lamentaron junto a las mujeres de Argos y las enviaron a casa con sus urnas funerarias y también con la promesa del líder de Argos de que, por gratitud, él y sus sucesores nunca atacarían Atenas. Y las gentes de Tebas se maravillaron de que se les perdonara la vida. Pero la maravilla no duró para siempre. Cuando los hijos de los hombres que se habían abandonado a los perros fuera de los muros de Tebas crecieron, se dirigieron hacia la ciudad en busca de la venganza y destruyeron Tebas.

Notas:

Esta sección procede de tres obras de tres autores diferentes con perspectivas distintas. La obra de Esquilo *Los siete contra Tebas* cuenta la batalla en la que Polinices y Eteocles se mataron mutuamente; esa obra termina con la orden de Creonte sobre los muertos y la insistencia de Antígona en el luto por Polinices. La obra de Sófocles, *Antígona,* comienza con la orden de Creonte y el desafío de Antígona, y termina con la muerte de Hemón y su madre y el arrepentimiento de Creonte. La obra de Eurípides, *Las Suplicantes,* describe el viaje de las madres de Argos a Atenas y la recuperación de los muertos. Sófocles y Eurípides hablan de una manera similar de la protección de los dioses a los indefensos y a los muertos. Las tres obras parecen tener un trasfondo similar en cuanto al hecho de escuchar a las mujeres; Esquilo hace que Eteocles desprecie los consejos de las mujeres en su salida para matar y morir asesinado por su hermano, Sófocles hace que Creonte exprese puntos de vista similares sobre Antígona y las mujeres en general antes de llevar a su familia a la ruina y Eurípides hace que Teseo escuche a su madre y alabe la sabiduría de las mujeres antes de salir a la batalla con el favor de los dioses.

Todos los dramaturgos también dejan abierta la pregunta de quiénes son realmente los dioses y cómo la gente debe responder a ellos. ¿Acaso los dioses llevan a los humanos a hacer el mal y nos dejan indefensos ante nuestros destinos? ¿Nos enseñan a comportarnos justa y misericordiosamente? ¿Nos dejan libres para obedecer o desobedecer y luego nos recompensan o castigan? ¿Nos ven o les importamos? Los personajes de las obras sacan conclusiones bastante diferentes y los lectores de las obras también pueden hacer lo mismo.

Una nota sobre la cronología: la escritora Edith Hamilton dice que la caída de Tebas ocurrió antes de la guerra de Troya, el hecho de que Tiresias esté vivo cuando Edipo y Creonte le consultan y que

Odiseo le llame de entre los muertos parece confirmarlo. Por otro lado, (al menos algunas de) las erinias, las furias, se convierten en las misericordias o las euménides, al final de la historia de Orestes, y es en la sagrada arboleda de las euménides donde el envejecido Edipo encuentra refugio. Tal vez las historias de los dioses no encajan en el tiempo normal de los humanos.

Parte IV. Cuentos más ligeros

No todos los mitos griegos toman la forma de una gran tragedia. Aquí tenemos algunos cuentos de otro tipo.

Algunas de estas historias están tomadas de los autores romanos, no griegos, y en esos cuentos he usado las formas latinas de los nombres de las deidades. El apéndice ofrece una lista alfabética de nombres latinos vinculados a sus equivalentes griegos.

Capítulo 12. Cupido y Psique

Había una vez un rey que tenía tres hijas. Las tres eran encantadoras, una delicia para sus padres y para todos los que las veían; pero la más joven, Psique, superaba en belleza a sus hermanas mayores tanto como ellas superaban a todas las demás mujeres. La gente miraba a las mayores con admiración, o placer, o amor; las felicitaban y los hombres más nobles y apuestos esperaban casarse con ellas. La gente miraba a Psique con un gran asombro y caía a sus pies. Y a lo largo del reino de su padre y en las tierras de más allá, se extendió el rumor de que o la misma Venus (a la que los griegos llamaban Afrodita), la bella diosa del amor, había tomado forma mortal; o que una nueva maravilla, un ser aún más hermoso que Venus, había nacido en el mundo. Desde muy lejos la gente venía a adorar a Psique. Los templos de Venus se descuidaron, ya que, en cambio, los peregrinos acudían para maravillarse con la chica mortal.

Venus estaba furiosa por esta negligencia. Paris, dijo, había sabido valorar su belleza correctamente, pero los mortales de hoy en día son ciegos e impíos y no tienen ni sentido de la belleza ni sentido de la reverencia. Venus dio la espalda a la tierra que la había despreciado y regresó al mar, de donde había venido a aliviar su dolor entre las ninfas de agua. Sin embargo, antes de irse, llamó a su hijo Cupido, a ese mocoso travieso que corre por el mundo provocando las pasiones de los mortales para que olviden los votos matrimoniales, las leyes divinas, la prudencia y todo lo demás, excepto del ardiente anhelo que él engendra. Le dijo que castigara adecuadamente a Psique por recibir un homenaje al que no tenía derecho. Sé un buen chico, le dijo, y haz lo que te dice tu madre: ve a dispararle una de tus flechas del deseo y haz que se enamore de la criatura más despreciable que puedas encontrar. Dicho esto, ella se fue al mar.

Mientras tanto, Psique no estaba contenta con su suerte. Sus hermanas se casaron con reyes, pero a pesar de que la gente la adoraba, nadie le pidió matrimonio; su belleza parecía asustarlos tanto como atraerlos. Y mientras que muchas otras mujeres, y la propia Venus, envidiaban a Psique, ella deseaba ser una chica de aspecto normal, sin una multitud de adoradores, pero con un marido al que amar y niños que criar. Finalmente, su padre el rey empezó a ver su punto de vista y consultó al oráculo de Apolo para preguntarle dónde podía encontrar Psique un marido.

La respuesta del dios fue terrible. Ningún mortal amará a Psique o se casará con ella, dijo; otro novio le esperaba: una gran serpiente alada, un tragafuegos que gobernaba una tierra de dolor y oscuridad, una bestia temida por los mismos dioses, una que un día destruiría el mundo. El oráculo le ordenó al rey y a la reina que vistieran a Psique con ropas de luto, la llevaran a un lugar alto en las montañas salvajes y la dejaran allí sola para que la devore su prometido.

El matrimonio de reyes lloró, pero no pensaron en desafiar las órdenes de los dioses. Psique los miró con ojos extraños y les dijo que era tarde para llorar. Deberían haber llorado mientras todos los hombres la alababan, mientras la envidia de los dioses se hacía más fuerte; ahora, lo que había que hacer era terminar con su horrible boda tan pronto como fuera posible. La espera la dejó enferma de corazón y ella quería que se acabara.

Así que se puso sus túnicas negras y su familia y su gente la llevaron al desierto mientras se lamentaban y la dejaron allí para que se enfrentara a su destino. Psique lloró, pero no los llamó, ni les pidió ayuda o compasión. Siempre había estado sola. Levantó su preciosa cabeza hacia los cielos y esperó al dragón.

Lo que llegó, en cambio, fue un viento cálido y de dulce aroma que la levantó suavemente y agitó su vestido como una cometa hasta llevarla a un profundo valle lleno de flores. Ella esperó allí, sorprendida, y al final se quedó dormida.

Se despertó refrescada pero aún sola y se dispuso a explorar la nueva tierra hacia donde el viento la había llevado. Había un hermoso bosque donde la luz y el viento jugaban en las hojas de los grandes árboles; y en el corazón del bosque había un palacio que brillaba como una estrella. Dentro y fuera todo era hermoso; y lo raro era que las puertas estaban abiertas de par en par y sin vigilancia. Psique entró, maravillada, y un coro de voces la saludó como su reina y señora; pero, por mucho que mirara, no podía ver a los oradores. Pero cuando le dijeron dónde encontrar un baño, una cama y también un comedor, sus instrucciones fueron exactas; y cuando se sentó a comer, la comida que apareció en la mesa delante de ella era abundante y deliciosa, y la música de arpa que danzaba a su alrededor era extraordinariamente hermosa.

Aquella noche un hombre se acercó a su cama. Ella escuchó el suave sonido de su voz, sintió su toque que hizo que su sangre cantara en sus venas, pero no había luz; no podía verlo en absoluto. Después de hacer el amor, se durmió y cuando despertó, estaba sola de nuevo. Pasaron varios días y noches de esta manera y entonces su marido le dijo en la oscuridad que su familia todavía lloraba por ella, y que sus hermanas habían decidido acercarse al lugar donde la habían dejado como sacrificio, para ver si encontraban su cuerpo o alguna señal de ella. Le instó a no mirarlas, a no mostrarse ante ellas, a no responderles. Psique lloró por el dolor de su familia y dijo que debía hablar con sus hermanas. Su marido dijo que, si lo hacía, él se entristecería mucho y ella quedaría totalmente destruida.

Psique se quedó dentro de la casa al día siguiente, pero lloró con tanta amargura como sus hermanas. Cuando su marido llegó en la oscuridad, la encontró todavía llorando. Le dijo que se reuniera con sus hermanas si debía hacerlo, pero que supiera que nada bueno saldría de ello.

Por la mañana, las hermanas buscaron en la tierra donde se había abandonado Psique, lloraron y se lamentaron tanto que las piedras casi lloraron con ellas. Pero Psique llamó al viento y este hizo que sus hermanas bajaran al valle. Les mostró su nuevo hogar y todos sus tesoros, les dijo que su marido era tan amable como rico y tan hermoso como amable (porque le avergonzaba decir que no lo había visto). Entonces, por miedo a enredarse en la mentira, les dio regalos de oro, joyas y llamó al viento para que se llevara a sus hermanas de nuevo.

Las hermanas se habían entristecido cuando pensaron que Psique había muerto de una forma horrible, pero verla tan feliz les daba muchos celos. Se dijeron la una a la otra que sus propios matrimonios habían resultado ser decepcionantes: sus maridos eran viejos, sus obligaciones eran muchas... y Psique, Psique que siempre fue la más bella y afortunada, tenía todo lo que su corazón deseaba. Bueno, podrían encontrar una manera de poner fin a eso.

Psique estaba feliz aquella noche, pero su marido no lo estaba. Le dijo una y otra vez que no debía dejar que sus hermanas la convencieran de intentar verlo, pues si lo intentaba todo estaría perdido. Si dejara que las cosas siguieran como están, su hijo sería un ser divino; pero si intentaba mirarlo, el niño sería un mortal, y tanto la madre como el niño sentirían una gran pena y dolor. Por eso, debería evitar volver a ver a sus hermanas.

Psique dijo que sus hermanas se habían alegrado de verla, y ella a ellas y que ahora no las rehuiría, pero que, por supuesto nunca intentaría ver a su marido, si tanto le importaba.

Cuando sus hermanas regresaron, la felicitaron por su embarazo y alabaron su belleza y su hogar. En aquel momento, Psique deseó que su marido estuviera allí para oír lo agradables que eran. Cuando se preguntaron en voz alta cómo sería el niño y preguntaron por los detalles del aspecto de su padre, Psique contradijo sin querer la descripción que había dado antes.

Sus hermanas se mostraron muy preocupadas y dijeron que sabían que no les decía la verdad; y, en efecto, habían regresado para advertirle que tenía buenas razones para avergonzarse de su marido. En efecto, habían oído decir a muchos habitantes del país que el señor de aquel hermoso palacio no era un hombre, sino un horrible dragón como el que se describe en el oráculo, casi demasiado repugnante para que lo puedan ver los ojos mortales; y también habían oído de una buena fuente que él había tomado una esposa y la había dejado embarazada, con la intención de devorar a la madre y al niño tan pronto como naciera. Así que le dijeron a Psique que, si le importaba su hijo, su propia vida, y si tenía algo de espíritu y coraje, llevaría a escondidas una lámpara y una cuchilla a la alcoba, contemplaría a su marido mientras dormía y lo mataría antes de que él pudiera matarla a ella.

Psique lloraba y dudaba, pero volvió a pensar en el extremo secretismo de su marido y en la profecía. Entonces, escondió la lámpara y una navaja en la alcoba. Después de hacer el amor, encendió la lámpara, tomó la navaja y se preparó para enfrentarse al dragón.

En cambio, vio a Cupido, el dios del amor, más bello de lo que jamás había imaginado, acostado en su cama. Pensó en suicidarse avergonzada por sus sospechas, pero la navaja se le cayó de la mano. Tomó una de las flechas de su marido, se hirió con ella y sintió el dolor y el placer del amor ardiendo más caliente que nunca en sus venas. Se inclinó para mirar más de cerca a su marido y la lámpara derramó aceite caliente sobre su hombro.

Cupido se despertó con dolor y se vio desconfiado y desobedecido. Le reprochó a Psique con palabras amargas, diciendo que él, un dios, se había humillado y se había herido con su propia flecha, por ella, y que ella lo había traicionado. (No pareció pensar que le debía ninguna explicación o disculpa por la historia del dragón que tanto la había aterrorizado.) Psique trató de explicarle, pero él no quiso escuchar; dijo que castigaría adecuadamente a sus hermanas y que tal vez la pérdida de él sería un castigo suficiente para ella. Entonces huyó y abandonó a su esposa con su llanto y su clamor.

Psique intentó ahogarse en el río, pero las olas la devolvieron a la orilla y el dios Fauno, que ama las cosas salvajes y los espacios abiertos, le dijo que no se desesperara. Fauno le dijo que, si ella buscaba a su marido de todo corazón, Cupido podría perdonarla. De esta manera, Psique se dispuso a vagar por el mundo en busca de él.

Vino a las ciudades donde sus hermanas gobernaban y les contó quién había sido su marido. Sus hermanas, más celosas que nunca, volvieron a la roca donde se había abandonado a Psique y saltaron del acantilado, con la esperanza de que el viento las llevara al palacio y el dios las viera allí y las amara más de lo que amaba a Psique; pero el viento nunca llegó y murieron entre las rocas junto al acantilado.

Las gaviotas escucharon la historia y la llevaron a Venus, al lugar del mar donde se escondía. Ella sabía bien dónde encontrar a su hijo. No se compadeció de su dolor ni de su hombro quemado; le dijo que eso era lo que pasaba por desobedecer a su madre y andar con mujerzuelas mortales, y le amenazó con cortarle su pelo dorado y romperle sus brillantes alas. Los otros dioses la convencieron de que no se enfadara tanto con su hijo, y ella se contentó con encerrarlo en un cuarto sin ventanas para que reflexionara sobre su estupidez. Sin embargo, no la convencieron de buscar una venganza contra Psique. De hecho, se envió a Mercurio, el mensajero de los dioses, por todas las tierras de los mortales para describir a Psique y ofrecer una recompensa a quien la llevara ante Venus para castigarla.

Psique, embarazada y afligida, que vagaba desprotegida en el amargo invierno, escuchó la noticia y buscó protección. Primero fue al templo de Ceres, la diosa que estaba de luto por su hija Proserpina, que pasaba el invierno afligida con su marido captor Plutón (véase el capítulo 2). Psique apeló al dolor de Ceres, describió el suyo propio y le pidió protección. Ceres le habló con compasión, pero le dijo que no podía actuar contra de la voluntad de Venus. A continuación, Psique intentó ir al templo de Juno, que protegía a las mujeres embarazadas, pero Juno le dio la misma respuesta. Al final, entre la desesperación y el coraje, Psique entró libremente en el templo de Venus, se entregó y pidió hablar con Cupido.

Obtuvo muchas palabras de Venus, palabras duras y amargas, además de los duros golpes de los sirvientes de Venus: Costumbre, Dolor y Tristeza. Cuando estaba harapienta y sangrando, Venus se rió de ella y dijo que no podía conseguir ningún marido por la belleza, así que tenía que trabajar duro, tanto para ganarse el favor de su marido como para evitar que Venus la matara. Venus entonces comenzó a darle a Psique lo que debería haber sido una tarea imposible. Primero, mezcló una gran cantidad de semillas diminutas, las arrojó al suelo y le dijo a Psique que las separara antes de que Venus regresara del banquete. Psique vio claramente que no podía lograrlo; se sentó en silencio y esperó su destino. Pero las hormigas la vieron, se compadecieron de ella y separaron la semilla, de modo que cuando Venus regresó se encontró con la tarea hecha.

Entonces Venus envió a Psique a recoger el vellocino de oro de un rebaño de carneros feroces. Al ver su afán por atacarse mutuamente, su gran tamaño y fuerza, Psique pensó en ahogarse, pero un junco en el río le dijo que esperara hasta que el rebaño se cansara y se fuera a descansar, para luego recoger su lana. Y así lo hizo. A continuación, Venus la mandó traer agua del río Estigia, donde los mismos dioses temían aventurarse, pero un águila se apiadó de ella y llenó su cántaro.

Venus se enfadaba cada vez más con cada éxito y, finalmente, le dijo a Psique que fuera al mundo de los muertos y regresara con una caja de belleza de Proserpina, la reina de las sombras, llena de suficiente belleza para que durara un día. En este momento, Psique pensó en el suicidio de nuevo, sin conocer ninguna otra forma de llegar a la tierra de los muertos, ya que temía lo que Venus le haría si fallaba en su tarea. Pero las piedras de la torre a la que se subió le hablaron y le dijeron cómo podría entrar y pasar por la tierra de los muertos con vida.

Psique escuchó atentamente e hizo todo lo que las piedras le habían indicado. Se colocó dos monedas en su boca, dos trozos de pan empapados en miel en sus manos y caminó por la oscura entrada de la cueva que conducía al reino de Hades. Con los ojos abiertos y cautelosos, caminó hacia abajo, a través de la oscuridad, hasta que el simple pensamiento de la masa de tierra y piedra sobre ella se convirtió en un terror. Mantuvo sus manos a los lados, apretadas alrededor de cada trozo de pan, sin acercarse a ninguna de las extrañas formas que surgían de la oscuridad y le pedían ayuda. Cuando llegó al río negro abrió la boca para darle al barquero Charon sus honorarios para que la llevara al otro lado, pero escondió una moneda bajo su lengua. Cuando estaba en la orilla, en el corazón de la tierra muerta, encontró con un enorme perro de tres cabezas, todas sus bocas estaban babeando y todos sus dientes estaban brillando. El animal se cernía sobre ella y gruñía; pero ella le lanzó un trozo de pan y él masticó contento y la dejó pasar al oscuro pero espléndido palacio de Plutón y Proserpina, los gobernantes de las sombras.

Proserpina recibió a su invitada con cortesía, le ofreció un asiento real y alimentos finos; pero Psique se negó con amabilidad, se arrodilló a los pies de la reina de la oscuridad y solo le pidió lo que Venus le había dicho que pidiera. Esto le fue concedido y Psique se apresuró a pasar por delante del perro (que la dejó pasar de nuevo al recibir el resto de su pan), a través de las aguas negras (con la cuota pagada por su otra moneda) y, de nuevo, a la luz de los vivos.

Hasta ahora lo había hecho todo bien. Pero en el arrebato de su alivio recordó que Venus se burlaba de ella por su fealdad y se preguntó si alguna sombra de horror yacía en su rostro a causa de su oscuro viaje por el mundo de los muertos. Seguramente, si tomaba un poco de la belleza de esa caja, eso la restauraría y Venus tampoco se daría cuenta…

Pero al abrir la caja Psique cayó en un sueño casi mortal.

Se despertó y se encontró con su marido (que se había escabullido de la casa mientras su madre estaba distraída) inclinándose sobre ella, le quitó el sueño de muerte de su cara y la regañó por haberse puesto en peligro. Le dijo que fuera a ver a su madre, mientras que él se dirigió al resto de los dioses para pedir misericordia.

Psique fue y le entregó la caja a Venus, mientras Cupido se presentó ante Júpiter y expuso su caso. Júpiter estaba de su parte, tal vez por lástima, pero también por conveniencia, ya que le recordó a Cupido que, después de esto, debería ser especialmente útil la próxima vez que Júpiter estuviera obsesionado con una mortal. Entonces convocó a los dioses y a Venus. Júpiter dejó sus asuntos amorosos fuera de la audiencia pública; argumentó que, ya que Cupido les había traído mala reputación de los dioses a través de su desenfreno, era apropiado que se casara y sentara cabeza.

Venus no estaba dispuesto a discutir con Júpiter y aceptó a Psique como su nuera. Así que Psique ascendió al Olimpo, bebió el néctar de la inmortalidad y hubo un gran festín para celebrar su matrimonio con Cupido; incluso la propia Venus bailó en la boda. Y poco después, Psique dio a luz a su hijo, al que los hombres llaman Placer.

Notas:

Esta historia está tomada del cuarto, quinto y sexto libro de *El Asno de Oro* del escritor romano Lucio Apuleyo.

Capítulo 13. Cuentos cortos

Lisístrata

Hace mucho tiempo, Atenas y Esparta volvieron a estar en guerra. Las razones... bueno, los atenienses y los espartanos dieron diferentes explicaciones de las razones, por supuesto; y dentro de la propia Atenas también hubo diferentes opiniones. Algunos —sobre todo los hombres— decían que luchaban por la libertad, la virtud y el valor de la Atenas bendecida por los dioses contra la tiránica y maldita Esparta. Otras personas —en su mayoría mujeres— decían que los soldados solo eran hombres de mal genio envenenados por la testosterona que buscaban pelea. Y algunas de las mujeres dijeron que la verdadera motivación era el dinero: se suponía que los líderes de la ciudad debían rendir cuentas de cualquier dinero que tomaran del tesoro depositado en el templo de Atenea, pero la guerra ofrecía muchas excusas para gastar de una manera flexible; si parte del dinero se atascaba en los cofres del tesoro de los líderes, ¿quién se iba a esforzar en averiguarlo mientras había una guerra?

Un gran número de mujeres atenienses manifestaron estas opiniones y se les dijo que no se preocuparan en sus bonitas pequeñas cabezas por asuntos que no se podía esperar que entendieran. Cuando sus maridos estaban en casa entre los períodos de servicio, les decían esto ellos mismos; cuando sus maridos estaban fuera, los ancianos y los administradores que se quedaban en la ciudad mantenían esta opinión masculina. Pero una mujer, Lisístrata, que añoraba a su marido y también estaba muy molesta por el insulto a su inteligencia, ideó un plan para remediar estos dos problemas de una vez por todas. Envió mensajes a las mujeres de Esparta y también a las de las ciudades más pequeñas aliadas con Esparta y Atenas, para instalarlas a venir a intentar solucionar este asunto. Por mucho que los atenienses y los espartanos se sintieran agraviados el uno por el otro, las mujeres de las dos ciudades estaban dispuestas a reconocer que se sentían perjudicadas por sus hombres y a considerar una acción conjunta para cambiar eso.

La reunión comenzó de una manera poco amistosa, con muchas burlas sobre los diferentes trajes y costumbres de las distintas ciudades, pero cuando Lisístrata expuso el problema esencial, las mujeres de ambos bandos se pusieron de acuerdo. Sí, estaban cansadas de pasar las noches solas, con sus amantes y sus maridos pavoneándose delante de sus compañeros del ejército. Sí, estaban cansadas de que se ignoraran sus buenos consejos. Sí, atravesarían el fuego para ponerle fin.

Lisístrata dijo que no tenían que atravesar ningún fuego. Todo lo que tenían que hacer era dejar de tener sexo por el tiempo que fuera necesario para que los hombres se rindieran. Cuando sus maridos volvían a casa, las mujeres necesitaban simplemente hacerse tan bellas y tentadoras como fuera posible y después negarse rotundamente al sexo.

—¿Y si nos obligan? —preguntó una mujer.

—Quedaros ahí tumbadas y con aspecto de aburridas y no impresionadas —sugirió Lysistrata—. Eso no les gustará.

—Pero ya estamos cansadas de no tener suficiente sexo, ¿y sugieres que lo dejemos por completo? —alegó otra mujer.

—No por mucho tiempo —respondió Lysistrata—. Sois patéticas, pero los hombres son aún más débiles y orgullosos de sí mismos. Así entrarán en razón.

—¿Pero qué hay de los hombres que están en esta guerra por el dinero? ¿Y si desean más el dinero que el sexo?

—Ya nos hemos ocupado de eso —dijo Lysistrata—. Un grupo de mujeres atenienses ya entró en el templo de Atenea a primera hora de la mañana y cerró las puertas desde dentro. Nadie se acercará al tesoro sin nuestra aprobación, es decir, sin hacer las paces. Ahora que lo pienso, podemos encerrarnos allí también; es una forma aún mejor de no darles ninguna satisfacción a nuestros maridos.

Este plan se llevó a cabo. Cuando los ancianos de la ciudad llegaron con leña, antorchas y amenazaron con hacer salir a las jóvenes con el humo, las ancianas de la ciudad llegaron con jarras de agua, empaparon las ollas de fuego, sus portadores y asustaron al pequeño grupo de magistrados y policías que vinieron a llevárselas. Cuando los jóvenes de la ciudad regresaron y rogaron que sus esposas salieran, estas se asomaron a las ventanas con su mejor aspecto, les hablaron dulcemente y se negaron que las tocaran hasta que la guerra terminara. Durante cinco días, las mujeres del templo se estaban enfadando y cansando de su postura del principio, pero Lisístrata inventaba oráculos para mantenerlas contentas. En una semana, los hombres de Atenas y los de Esparta, distraídos por una lujuria insatisfecha, hicieron un tratado de paz y juraron mantenerlo para siempre. Sus esposas salieron a su encuentro y hubo mucho amor y alegría, pero uno se puede imaginar que después de eso los hombres eran reacios a decirles a sus esposas que no se metieran en los asuntos de estado, a sabiendas de que todo esto podía suceder de nuevo.

El toque de Midas

Midas fue el rey de Frigia, un reino agradable, próspero en su época y rico en flores. Un día, los sirvientes del rey salieron a sus jardines y encontraron a un viejo y gordo borracho que roncaba entre las rosas y apestaba a vino. No tenía permiso para estar en los jardines reales, pero obviamente no era una amenaza, así que los sirvientes lo ataron con flores en lugar de cuerdas, lo arrastraron y lo arrojaron delante del rey, sin dejar de reírse.

El rey Midas reconoció al hombre: no era un simple mortal borracho, sino Sileno, el tutor del dios del vino Baco y el padre de los sátiros. Midas hizo que sus sirvientes lo desataran de inmediato; y para cuando Sileno estuvo lo suficientemente sobrio como para saber lo que pasaba a su alrededor, se le trataba como un invitado de honor y no como un prisionero. Después de diez días de festejar con Sileno, Midas se lo entregó a Baco, quien había comenzado a extrañar al viejo borracho. Baco, muy satisfecho, le dijo a Midas que le dijera qué regalo deseaba. Entonces Midas, que no era mucho más sabio que Sileno, pidió ansiosamente que todo lo que tocara se convirtiera en oro brillante.

—¿Estás seguro? —preguntó Baco extrañado.

—Muy seguro —respondió Midas.

Baco sonrió de reojo y le dijo a Midas que su deseo había sido concedido. Midas se giró y extendió la mano para tocar una rama de la encina que estaba encima de él. Inmediatamente se convirtió en una rama de oro, hermosa de contemplar y también muy valiosa. Midas se fue a casa regocijado y llegó cargado con ramitas de oro, piedras y frutas. Pasó sus manos por los postes de la puerta y sonrió al verlos brillar en oro. Añadió unos agradables toques dorados a su comedor y después se sentó a comer...

Fue entonces cuando se dio cuenta de su error. Naturalmente, todas las delicias que intentó llevarse a la boca se convirtieron en oro al tacto y se volvían simultáneamente valiosas y no comestibles. Y su toque en la copa no solo convirtió la copa en oro, sino que también convirtió el vino de su interior en oro líquido.

Midas pensó en la extraña expresión de Baco y pensó en todas las historias que había escuchado sobre cómo los dioses odiaban el orgullo y la codicia mortal. Se maldijo a sí mismo por ser un estúpido y entonces levantó desesperadamente sus manos al cielo, rogándole a Baco que lo perdonara por su deseo pecaminoso.

Parece ser que Baco se divirtió más de lo que se ofendió por la elección de Midas. Envió al rey a lavarse en el río Páctolo. El agua corriente eliminó el regalo de la maldición. Midas tomó el agua clara en sus manos, bebió y regresó a casa como un hombre un poco más sabio y mucho más feliz.

Filemón y Baucis

Baucis y su esposo Filemón vivían en un pueblo próspero, pero eran pobres, como siempre lo habían sido, al igual que viejos. Sus vecinos ricos los despreciaban, pero ellos dos se amaban y eran generosos con los otros pobres. Vivían en una casita de paja en las afueras de la ciudad.

Una vez, dos hombres manchados por el viaje y de apariencia no distinguida, uno joven y el otro viejo, entraron cojeando a esa ciudad después del anochecer y pidieron comida y refugio. Llamaron a las puertas de muchas casas, una por una, pero fueron expulsados por los perros guardianes o porteros que sabían que sus nobles amos no querían que unos extraños harapientos les molestaran a esa hora de la noche. Por último, los extraños llamaron a la puerta de la casa de Filemón y Baucis. Una voz temblorosa pronunció palabras de bienvenida y la puerta se abrió de par en par para recibirlos. Filemón improvisó un sofá para los invitados con paja, cañas y tendió la mejor manta de la pareja (que tan solo tenía unos pequeños agujeros en la esquina) sobre él; después, trajo nabos del jardín y sacó un trozo de carne ahumada que colgaba de la viga. Baucis avivó el fuego (sacó un poco de paja para que ardiera con más fuerza), les preparó una sopa, les cocinó unos huevos, les sacó sus mejores platos (que, sin embargo, estaban un poco astillados) y les ofreció manjares que habían guardado para el siguiente día de fiesta: aceitunas, frutos secos y un poco de miel. La mesa se tambaleaba, pero Filemón la niveló con un plato roto bajo la pata corta. También sacó vino, el mejor que tenían, aunque sus vecinos habrían pensado que no era apto ni para dar a sus sirvientes.

Los preparativos de la cena iban lentos, porque la pareja de ancianos estaba cansada y temblorosa, pero sonreían a sus invitados y mantenían una agradable conversación mientras trabajaban. Cuando sirvieron la comida, trataron de asegurarse de que sus invitados tuvieran suficiente y estuvieran tranquilos. Entonces, empezaron a parecer inquietos, al darse cuenta de que sus copas de vino se estaban rellenando solas y que el vino parecía ser de una calidad mucho mejor de lo que esperaban. ¿Quiénes eran estos invitados? La pareja de ancianos se miraron con miedo, se disculparon con sus visitantes y les pidieron perdón por ofrecer una comida tan pobre. Podrían hacerlo mejor, dijeron, si sus estimados invitados esperaran; tenían un ganso que podían asar.

Pero el ganso era mucho más joven que la pareja, tanto en términos absolutos como relativos, y ellos lo persiguieron por toda la casa sin éxito. Al final, el ganso huyó y se escondió entre los visitantes, quienes sonrieron y les dijeron a sus anfitriones que se sentaran, descansaran y dejaran vivir al ganso. Los invitados no necesitaban más comida; pues eran dioses. El anciano se reveló como Júpiter y el joven, como su hijo Mercurio. Habían venido a darle a la inhóspita ciudad sus justos méritos, dijeron, pero claramente Filemón y Baucis se merecían algo mejor. Instaron a la pareja de ancianos a subir la cuesta detrás de la casa con ellos.

Filemón y Baucis subieron la pendiente muy por detrás de sus invitados. Cuando miraron al pueblo durmiente, no vieron ningún pueblo, sino solo unas aguas muy amplias en las que las gaviotas daban vueltas y gritaban. Y su propia cabaña... miraron tristemente mientras esperaban verla tragada por el agua, pero se quedaron asombrados. La cabaña había desaparecido, pero en su lugar había un templo con columnas de mármol y techos de oro.

Se volvieron para mirar a sus invitados. Júpiter les sonrió y les dijo que pidieran lo que sus corazones más desearan, como recompensa por su amabilidad. La pareja de ancianos pidió un poco de tiempo para conversar sobre la oferta y los dioses se lo concedieron. Finalmente, Filemón les devolvió la respuesta: les pidió que sirvieran juntos en el templo y que cuando llegara su hora, murieran al mismo tiempo para que ninguno de ellos tuviera que llorar al otro. Estos favores les fueron concedidos. La historia del lago y del templo se extendió por todo el mundo. Filemón y Baucis recibían a los peregrinos con la misma generosidad con la que una vez recibieron a los dioses, aunque con mejores medios de provisión.

Un día, cuando ya se volvieron muy viejos, Filemón y Baucis estaban juntos bajo el sol en el patio del templo y recordaban la ciudad, la cabaña desaparecida y sus maravillosos invitados. Baucis levantó la vista de un ensueño, miró a su marido y vio las ramas verdes que salían de sus hombros. Al escuchar su respiración, Filemón la miró y también se maravilló, mientras murmuraba sobre sus brillantes hojas. Tuvieron tiempo de sonreírse una vez más y de despedirse en silencio, antes de que sus bocas se convirtieran en corteza.

Los peregrinos que salían del templo no vieron ninguna señal de los guardianes humanos que les habían dado la bienvenida; en su lugar, un roble y un tilo estaban juntos como si se estuvieran abrazando. Los peregrinos colgaron guirlandas en sus ramas, después adoraron y alabaron a los fieles que durante tanto tiempo habían alabado y adorado a los dioses.

Notas:

El cuento de Filemón y Baucis proviene del octavo libro del poeta latino Ovidio, *Las metamorfosis*. La historia de Midas viene de su undécimo libro.

La historia de Lisístrata viene del dramaturgo griego Aristófanes. Me doy cuenta de que puede ser un punto de tensión llamar a esto mitología, pero es una referencia cultural común y quería demostrar que no siempre las historias griegas eran trágicas.

Nombres latinos de los dioses del panteón griego

Los nombres griegos de los dioses del panteón y una descripción de cada deidad se encuentran en el capítulo 2. Esta lista incluye los nombres romanos de cada deidad en primer lugar, en negrita y por orden alfabético, seguidos del nombre griego. He incluido a algunas deidades que no aparecen en este libro con sus nombres en latín; si consulta las fuentes primarias de algunas de estas historias, los nombres de los otros dioses le pueden ser muy útiles.

Apolo es *Apolo* tanto en latín como en los cuentos griegos.
Baco: Dionisio
Ceres: Deméter
Cupido: Eros
Diana: Artemisa
Fauno: Pan
Juno: Hera
Júpiter: Zeus
Marte: Ares
Mercurio: Hermes
Minerva: Atenea
Neptuno: Poseidón

Pluto: Hades
Proserpina: Perséfone
Venus: Afrodita
Vesta: Hestia
Vulcano: Hefesto

Vea más libros escritos por Matt Clayton

Para más lectura

Hay muchas fuentes primarias de fácil acceso para la mitología griega. He enumerado a continuación a algunos de los autores más leídos. Si prueba una fuente y descubre que no le gusta, no se rinda. Los autores tienen estilos y perspectivas muy diferentes. Las diferentes traducciones también pueden marcar una diferencia considerable.

Las historias de este libro provienen en su mayoría de los relatos de los siguientes autores:

Homero, autor de la *Ilíada* (la historia de la guerra de Troya) y la *Odisea* (la historia del viaje de Odiseo a casa), fue uno de los primeros autores griegos. La *Ilíada* y la *Odisea* son dos poemas épicos muy largos. Puede obtenerlos en traducciones con rima, métricas o en prosa, revise las muestras en línea o en su biblioteca y vea qué estilo le gusta más.

Esquilo, nacido a mediados del 500 a. C., fue un ateniense y el primero de los grandes dramaturgos griegos. Algunas de sus obras más conocidas incluyen *Prometeo encadenado* y las obras mencionadas anteriormente como parte del ciclo de Agamenón.

Sófocles, otro dramaturgo ateniense, nació alrededor del 500 a. C. Sus obras de Edipo son probablemente sus trabajos más conocidos, pero también narró muchas otras historias.

Eurípides, vivió cerca de Atenas durante el 400 a. C., fue un autor particularmente conocido por las tragedias. Me he inspirado en sus relatos de Ifigenia, de la historia de Orestes y de la caída de Troya.

Aristófanes, un escritor ateniense de los años 400 y 300 a. C., es el dramaturgo cómico griego más conocido. Algunas de sus comedias – que giran en torno a la sátira de conocidas figuras literarias y políticas de su época– son difíciles de entender plenamente a menos que se esté familiarizado con la gente de la que se reía; otras, como *Lisístrata*, se traducen con bastante facilidad.

Ovidio, un poeta romano que escribió en el siglo I a. C. en latín, es el autor del libro *Las metamorfosis* del que he tomado la historia de Midas y la historia de Filemón y Baucis.

Apuleyo vivió en lo que hoy es Argelia (antes era Numidia) en el siglo I d. C., escribió filosofía y ficción en latín. Su libro *Las metamorfosis* o *El asno de oro*, del que se toma la historia de Cupido y Psique, es considerado la primera novela picaresca.

El libro de **Edith Hamilton**, *Mitología: Cuentos atemporales de dioses y héroes*, que está disponible gratuitamente en línea, cuenta muchos más mitos griegos que los que cubre este libro, aunque sus relatos son más compactos; también proporciona una excelente introducción a varios autores griegos y latinos.